滄海叢刊

孟學的現代意義

王支洪 著

1984

東大圖書公司印行

行政院新聞局登記證局版臺業字第〇一九七號

中華民國七十三年十二月初版

© 孟學的現代意義

基本定價貳元肆角肆分

著作者 王支洪
發行人 莊剛彰
出版者 東大圖書股份有限公司
總經銷 三民書局股份有限公司
印刷所 東大圖書股份有限公司
臺北市重慶南路一段六十一號二樓
郵撥：〇一〇七一七五—〇號

孟學的現代意義
編號 E 12019
東大圖書公司

自序

孟子一書，自漢以下，歷經魏晉六朝，至唐、宋、元、明、清，以及如今，傳述不絕。各種詮釋纂疏之書，應有盡有，見仁見智，互有所勝。在這方面，實已不需再來多事贅言。要緊處是孟子學說，對救人救世所提供的眞知睿見，不僅未因時代的更遞而稍減其價值，而且在物欲橫流之今日，更是一股淨化人心病毒的良方。如何使孟子思想能具體實踐於現代生活之中，實爲我們今日所宜重視。

戰國時代，唯力是尚，現實功利思想大行其道。權術之士，競相逢迎於權貴之間，人心險詐，由此更甚。孟子却滿懷信心的挾其王道思想和人文主義，來挽救這個社會。積極奮發，正如漢趙岐的「孟子題辭」中所說：「周衰之末，戰國縱橫，用兵爭強，以相侵奪。當時取士，務先權謀，以爲上賢。先王大道，凌遲墮廢，異端並起。若楊朱、墨翟放蕩之言，以干時惑眾者非一。孟子閔悼堯舜禹湯文武周孔之業，將遂湮沒。正塗壅底，仁義荒怠，佞僞馳騁，紅紫亂朱。於是慕仲尼周流憂世，遂以儒道遊於諸侯，思濟斯民」。他論衡時政，斥霸道，貶功利，立論的嚴整深入，說辭的銳利活潑，富有高度的戰鬪性和啓發性。志在權力的諸侯們，視仁義爲迂腐，對其「逆耳」之言，雖不願聽納；但對孟子的正義嚴詞和浩然之氣，則不敢半點輕視。另一方面，孟子對排儒最力的異說，則堅決的從性善論來推揚人文理性，與之抗爭，精闢週延，無懈可擊，宏儒術、衞道統、開風氣、振人心，其有功於後世，是難以言盡的。

在中國歷史上，孟子是第一個爲個人尊嚴而奮鬪的人物。他從「義利之辨」，「人禽之別」，建立了人類的基本德操，只有基於這種德操的諸種行爲，才能裨益社會，光大生命。堅守德操，就可確保人格。歷代大儒在暴風雨中，屹立不搖，爭千秋，勵來玆，和那些不顧仁義，惟名利是圖之輩，劃清界線，樹立名節，就是從通過這基德考驗所發揮出來的力量。

「欲貴者，人之同心也。」看到別人顯貴，享盡榮華，沒有特殊修鍊工夫的人，很少不會爲之動心的。孟子却以一種無比的慧識，穿透了這「本」無可貴的富貴相：「趙孟之所貴，趙孟能賤之。」憑藉這一點，就可戰勝一切富貴欲念。人所宜重視的是心靈上的內在生活，求之於人的，操縱在外的富貴、聲望，旣不是生卽帶來，且死而與之俱去，並無價值可言。眞正有價值的人生，乃在完成自我，成爲大丈夫，乃至聖人。這全不關乎外在條件，不受時空限制，無視環境順逆，只要內心朝此方向邁進，最後沒有不能達成的。

曾子說：「士不可以不弘毅，任重而道遠，仁以爲己任。」孟子深受這種時代使命感的影響，所以能在受到拂逆時仍很堅決：「當今之世，舍我其誰也。」又曾說：「待文王而後興者，庶民也。豪傑之士，雖無文王猶興。」由於這一偉大啟示，使後世的中國知識份子，多能自我肯定，重仁義，外生死，不僅以國家民族的興亡爲己任；就是對世界人類，以及宇宙萬物，都自覺具有一種使命感。縱或生不逢時，社會混亂黑暗，難展抱負，仍不懊喪，一樣的從自己本身上努力，成德勵俗，爲歷史長流而奉獻，這樣就可永立於不敗之地。對後世有了交代，以後的歷史又必然會寫下成功的新頁。

孟子一生都在追求道德實踐，和人格的完善發展，特立獨行，光風霽月，的確爲知識份子樹立了一個型範。其王道、仁政思想，更是救世救國的鐵則。今日世界在科技超速發展的情況下，物質文明的誘惑力，幾使人難以抗拒，什麼是美德？什麼是罪惡？心靈日陷於麻痺，不知不覺在物欲中迷失了自己。殊不知物質生活雖然進步，而可虞的有形和無形禍害，正在不斷增進之中，危機日甚。國際間更是爾虞我詐，惟力是視，毀滅性的戰爭恐懼，籠罩在每個人的心裏，有感於世界末日，隨時可到。解救之道，無疑的須從糾正人心，端正觀念做起。孟子的性善論在這方面，早已提出了具體解說；今日國與國的關係，和一切政治運作，社會制度，尤須取法於孟子的王道論、人本主義、道德主義及敎育思想，才能使人類社會獲得眞正的拯救。

著者深感膚淺，不揣狂疏，撰成「孟學的現代意義」一書，敬請碩學先進多予指正，衷心感戴不盡。

王支洪謹識

孟學的現代意義　目次

第一章　緒論

第一節　中國道統的形成

中國，在五千多年的歷史長流中，一直是剛健、堅強地向前伸展。雖然曾因時代變易，遭遇到時間上或長或短、程度上或大或小的各種打擊頓挫。但是狂風暴雨過去之後，仍舊是陽光普照，生機暢滿的挺立起來。什麼緣故呢？這完全是由於我們的文化道統，具有一股無以倫比的潛力，每當面臨到嚴重關頭，就能產生出旋乾轉坤的功能。

「道統」，是中華民族的活泉，和永不枯萎的根本。

易繫辭上說：「形而上者謂之道。」

卦辭傳上又說：「立天之道，曰陰與陽；立地之道，曰柔與剛；立人之道，曰仁與義。」

具體說來，我們就知道：

天道的陰陽是化生原則。

地道的剛柔是成物原則。

人道的仁義是人際原則。

韓退之在他的原道中說：「博愛之謂仁，行而宜之之謂義，由此而之焉之謂道，……堯以是傳之舜，舜以是傳之禹，禹以是傳之湯，湯以是傳之文、武、周公；文、武、周公傳之孔子；孔子傳之孟軻。軻之死，不得其傳焉。」這一段話不僅顯示了道統的意義，也說明了傳授系統，及孟軻死後未得發揚而慨嘆。

正式提出「道統」二字，並予以具體解釋的是朱子，他說：「中庸爲何而作也，子思憂道學之失其傳而作也。蓋自古聖神，繼天立極，而道統之傳有自來矣。其見於經，則『允執厥中』者，堯之所以傳舜也。『人心惟危，道心惟微，唯精唯一，允執厥中』者，舜之所以授禹也，……夫堯、舜、禹，天下之大聖也，以天下相傳，天下之大事也。以天下之大聖，行天下之大事，而授受之際，丁寧告戒，不過如此。則天下之理，豈有加於此哉！自是以來，聖聖相承，若成湯文武之爲君，皐陶、伊、傅、周、召之爲臣，既皆以此而接夫道統之傳。若吾夫子，則雖不得其位，而所以繼往聖，開來學，其功反有賢於堯、舜者。然當是時，見而知之者，惟顏氏、曾氏之傳得其宗。及曾氏之再傳，而後得夫子之孫子思，則去聖遠而異端起矣。子思懼乎愈久而愈失其眞也，於是推本堯、舜以來相傳之意，質以平日所聞父師之言，更互演繹，作爲此書，以詔後之學者。……自是又再傳得孟氏。……然而尙幸此書之不泯，故程夫子兄弟者出，得有所考，以續夫千載不傳之緒。」(註一)道統相傳，亦不必賴帝王之位，由孔子開其端緒，後世純儒相繼不衰。

國父孫中山先生革命，結束了滿清二百多年的專制，就是爲了繼承「道統」。他說：「中國有一個道統，堯、舜、禹、湯、文、武、周公、孔子，相繼不絕。我的思想基礎，就是這個道統。我的革命，就是繼承這個正統思想，來發揚光大。」(註二)這是民國十年，國父在桂林答共產黨第三國際一個代表馬林的一段話。

先總統 蔣公中正，是 國父忠實信徒，由北伐成功，抗戰勝利，是爲了道統的繼續。堅苦卓絕，榮辱不計，「以國家興亡爲己任，置個人死生於度外。」浩然正氣，當傳萬古而常新。

蔣總統經國先生，更是道統的一脈相承者，「爭一時，也要爭千秋。」他的每句話都能鎮定國人，在奮鬪途程中，不因任何艱險而稍動信心。慢慢的我們已渡過危橋，見到了勝利的曙光。

五千多年來，歷史見證，中國道統，乃是我們的古聖先賢，在長期的艱苦奮鬪中，反觀、內照，不斷創新所得的經驗教訓，累積成高度的智慧結晶，傳之永恆，以作爲我們後世子孫求取生存，光大生命的至當原則。

至於「道統」和「傳統」，大體上說很接近，實際上，其差別性是不能混爲一談的。所謂「傳統」，乃是自古相傳下來的一切思想觀念、風俗習慣，這其中當然有好的，也有不好的。而好與不好的判斷，是訴之於能否適應時代的需要。眞正好的，就經得起各種不同時、空的考驗，繼續相傳。不好的，就自然淘汰，或經過改造變成好的。是則凡屬傳統中的好的部分，就列入了道統。

中國道統的由來，應遠溯到史前時代，傳說中雖富有濃厚的神奇色彩，不太可靠；但是深入想想，我們仍能覺察到過去的先哲們，沒有一個不是在苦難的環境中，面對現實，從厚生立羣方面，去解決人世界的問題。諸如：

有巢氏架木爲巢，敎避災害。

燧人氏鑽木取火，敎人熟食。

神農氏發明稼穡，敎種五穀。

伏羲氏創作八卦，開中國哲學之先河。

黃帝軒轅氏，「生而神靈，弱而能言，幼而徇齊，長而敦敏，成而聰明。」(註三) 顯見他神異天縱，據傳：他爲了安定民生，一舉擒殺蚩尤，消弭亂源，奠定中華民族大一統的雛形。並發明了舟車、弓箭、宮室、衣裳、蠶絲等文物，使中國文化從此邁進了美好的前程，其功至偉。

現在，就以 國父所指的道統，分別續述如后：

帝堯

帝堯時代，(公元前二三三三——二四三四年)正式進入歷史時期，也就是中國道統的肇始。帝堯是帝嚳之子，姓伊祁氏，生於丹陵（濮縣），都平陽（山西）。初封於唐國（定州唐縣），因號陶唐氏。」（註四）他的聖明作爲，在尙書堯典（註五）上說得很淸楚：

「依照傳統，帝堯又稱放勳，他的爲人是敬謹、開明，有文采，多思慮，而又溫和的，他確實努力於職務，而又肯推讓賢能。光耀於四方，兼達於天下。

「他能夠表彰有才德的人，所以九族都能相親。九族親睦以後，又處理族衆事務，族衆也就井井有條了。然後把一切部族都聯繫起來，於是民衆得以繁殖。」充份發揮了德治精神，也展開了由家和而天下平的始頁。

他所做的，全以人民福利爲依歸。重視賢達，採納善言。聽從四岳建議：「瞽子，父頑，母嚚，象傲；克諧以孝，烝烝乂，不格姦。」（註六）於是重用至孝的舜來掌管要政，並用各種方式加以考核，果然是爲天下得人。以公治天下，澤加萬民，固非易事；選得至當的人選，交以天下，尤難。孟子曾深以爲「爲天下得人難」，故說「堯以不得舜爲己憂。」（註七）可見「得人」是爲政第一件要事。

然後命羲和，敬順上天的曆象——日、月、星、辰，很愼重的將時令頒予人民，有了曆法，又使后稷敎以稼穡，對人民生產的幫助極大。

命契丹爲司徒，敎以人倫。

命鯀治水，鯀用堵塞法，到處築堤壩，而失敗被殛，這一點，後世很少注意。鯀非爲人不正，而是方法錯誤未達成任務，最後被誅。堯、舜豈不仁哉？這是一種高度「責任政治」的典範。後舜再令禹治水利，而成大功。

人民在這種德治的環境中，感到無比的幸福，都唱着：「日出而作，日入而息，鑿井而飲，耕田而食，帝力何有於我哉！」（註八）正反映了帝堯道化天下，和博大寬仁的精神。最後將帝位禪讓於舜。

孔子由衷的頌揚說：「大哉，堯之爲君也！巍巍乎，唯天爲大，惟堯則之。蕩蕩乎，民無能名焉！巍巍乎，其有成功也，煥乎，其有文章！」（註九）

孟子曾說如果爲君者「不以堯之所以治民治民」，是「賊其民者也。」（註一〇）

帝舜

帝舜，（公元前二二三三——二一八四）父姓嬀，世居於虞，故號有虞氏。他因出生於姚墟；故姓姚。家庭狀況極端惡劣，而勤勞孝友，毫無怨色，卒爲堯帝重用，依爲股肱，他第一個舉措，是任用賢德著稱的八愷（高陽氏後裔）、八元（高辛氏後裔），分別掌管地政、禮教，一時政教煥然大興。

在舜輔佐帝堯的二十年間，一言一行，無不證明他不僅是一位孝行感天的大孝子，而且睿智過人，終循眾望，接受禪讓。帝堯當年曾告誡他說：

「咨！爾舜，天之曆數在爾躬，允執厥中，四海困窮，天祿永終。」（註一一）把傳天下的旨意說得至爲清楚，總以天下蒼生爲念，尤其在做法上要把握一個「中」字，卽是富有彈性，以高度的仁心、睿智，使其合理、適切。

舜的新政展開，本着「野無遺賢，萬邦咸寧」（註一二）的宗旨。立卽組成了一個很健全的中央政府，和地方行政系統（四岳，十二牧）。

禹爲司空，主治水而掌管內政。

棄爲后稷，主管農業。

契爲司徒，主管敎化。

皐陶做士，主管司法、軍事，制定五刑。

垂爲共工，主管工程建設。

益爲虞，治山澤、管漁獵。

伯夷爲秩宗，主管禮儀祭祀。

夔主典樂，掌管樂敎。

龍主納言，傳達詔命，接待賓客。

上述九種官職，禹兼百揆，都是才德俱備的全能。諸侯之長的四岳十二牧，無不聽命。大舜施政的原則，總是以民爲本：

「天聰明自我民聰明，天明畏，自我民明威。達於上下，敬哉有土。」（註一三）天意卽是民意，其理至明。

「南風之薰兮。可以解吾民之慍兮，南風之時兮，可以阜吾民之財兮。」（註一四）從大舜這首發自心底的「南風歌」，清楚地顯示政治修明。天下一片昇平氣象，更見其民胞物與的偉大胸襟。

孟子曾說舜毫無名位觀念：「視天下大悅而歸己，猶草芥也，惟舜爲然。」（註一五）爲政如存名位觀念，就會影響到仁心的自然擴充，不足爲取。孟子又說：「大舜有大焉，善與人同，捨己從人。樂取於人以爲善，自耕稼陶漁，以至爲帝，無非取於人者。」（註一六）

法諸天地，以立人則，這個根源是最久遠的，也是我們中國文化最值得自豪的地方：「神農氏歿，黃帝、堯、舜氏作，通其變，使民不倦，神而化之，使民宜之。易，窮則變，變則通，通則久，是以自天佑之，吉无不利。黃帝、堯、舜垂衣裳而天下治，蓋取諸乾坤。」（註一七）

國父曾認爲「我國數千年歷史之中，最善政體莫如堯、舜。蓋堯、舜之世，亦爲今日的共和政體，公天下於民。」（註一八）

夏禹

夏禹，（公元前二二八二——二一七七年）姓姒，名文命。父鯀，母名女志，他出生於今之四川，所以說他是西夷之人。舜帝時，封之爲夏伯，故後世稱爲夏禹。

在帝堯時代，禹父鯀因治洪水失敗，勞民傷財，引起羣眾怨憤而被誅。他苦心研究，務必平定水患，以雪父恥。他受舜帝賞識，就是在奉治洪水。九年之中，櫛風沐雨，備極勞苦，三次經過家門而未入，卒成大功，人民得以確保生命，從此進入到農業社會，而開歷史文化之新紀元。

孟子上說：「禹掘地而注之海，驅龍蛇而放之菹。水由地中行，江淮河漢是也。險阻既遠，鳥獸之害人者消；然後人得平土而居之。」(註一九) 這可說是當時治水的具體寫照。

禹受禪讓時，虞書大禹謨上這樣記載：「帝曰：朕宅帝位，三十有三載，耄期倦於勤，汝惟不怠，總朕師。」對禹的賢德可謂信任有加。同時又愼誡：「人心唯危，道心惟微，惟精惟一，允執厥中。」人心感於外物，常易偏私，是非常危險的。道心則高遠難以明白，祇有審察精到，不雜形氣之私，把守那純一義理之正，去靈活運用。這眞是萬古不易之治世寶典。

禹承帝位，果能光大前代美德，忠勤不懈，一寸光陰也不虛度。第一件大事是統一諸夏，以改善並建立諸邦國之間的關係，曾大會諸侯於塗山（今安徽、懷遠），執玉帛者萬國，其盛況可知。惟防風氏不遵守時間後到，即被處死。這一點是深深值得我們後世省察的，誅惡不問地位權勢，惡不除，善不能保，所以說：「惟仁人爲能愛人，能惡人。」(註二〇) 孟子尤其重視這個道理。

禹在當時曾鑄九鼎以紀其事，劃定天下爲九州。尊尚天命，創新曆法，着重生產，講求人倫。他說：「於帝念哉，德惟善政，政在養民，水、火、木、金、土、穀，唯修。正德、利用、厚生，唯和。」(註二一)

不輕易許人的孔子曾贊賞備至的說：「禹，吾無間然矣！非飲食，而致孝乎鬼神；惡衣服，

而致美乎黻冕；卑宮室，而盡力乎溝洫。禹，吾無間然矣！」（註二二）

孟子也說：「禹惡旨酒而好善言。」（註二三）

禹王樸實好德，天下衷心歸服。重要的政教，可以綜合如下：

教孝以事鬼神，使通天人的關係。

教忠以利國事，使明羣己人際的關係。

教勤以事耕種，使盡土地生產的利益。

「其仁可親，其言可信。」（註二四）後世帝王賢臣的用心，都先在人羣如何和協，政治如何安定上着手，實由禹王這一最原始的樸厚、勤勞、踏實的精神中孕育出來的。

商湯

商湯，（公元前一七五一——一七三九年）子姓，名履，爲契之後。契傳至相土時，都於商（今之河南商邱），傳至湯，已是第十四代，建都於亳。湯是中國歷史上第一位以革命手段，弔民伐罪而得天下的。

溯自夏代開「家天下」的先河，共歷十四世傳至帝桀。「帝桀之時，自孔甲以來，而諸侯多畔；夏桀不務德，而式傷百姓，百姓不堪。……湯修德，諸侯皆歸湯；湯遂率兵以伐夏桀，桀走鳴條，逐放而死。」（註二五）夏桀到危亡的邊緣，猶不知務德，收拾民心，最後遭到傾覆，是必然的結局。

商湯爲了解民「倒懸」，先前是針對着橫暴的諸侯，展開一連串的戰鬪，統一的新局面很快的形成了。所謂「十一征而無敵於天下，東面而征西夷怨，南面而征北狄怨。曰：『奚爲後我？』民之望之，若大旱之望雨也。歸市者弗止，芸者不變。誅其君，弔其民，如時雨降，民大悅。」（註二六）得民心就得天下，這更是孟子民本主義的有力註腳。

湯最後伐夏桀，實因「有夏多罪，天命殛之。……予畏上帝，不敢不正。」（註二七）夏罪何在呢？就是「夏王率遏眾力，率割、夏邑，有眾率怠弗協。曰：『時日曷喪？予及汝偕亡！』」（註二八）

湯王修德日新，曾謂「能自得師者王，謂人莫己若者亡。好問則裕，自用則小。」（註二九）所以他對於農人出身的伊尹，信服其才德，優禮有加，「學焉而後臣之。」（註三〇）虛心納聽，的確得到不少珍貴的眞理。「弗慮胡獲？弗爲胡成？」（註三一）要愼重思考，主動去做，是爲政者必具的精神。

「不邇聲色，不殖貨利。……克寬克仁，彰信兆民」，「以義制事，以禮制心」（註三二）可以說是儒家思想最具體的來源。

湯王在位十三年就去世了，但他所留下的文化遺產，卻無比的豐盛。

伊尹在湯去世之後，仍以天下爲重，「思天下之民，匹夫匹婦有不與被堯、舜之澤者，若己推而內之溝中，……」(註三三)建樹很多。綜合的說，殷代社會的特色是尊天事神，崇拜祖先，對倫理孝敬，及人文人德的層次、地位，大爲提高，仍當歸公於湯王。

文王

文王，姬姓名昌，始祖棄，是舜帝時功臣。傳至太王公劉，才立國於豳（今陝西邠縣），仁慈存心，百姓感戴，九傳至姬亶父，更是積德行義，遷居岐山之南有周原，故改國號爲周。亶父由其三子季歷繼承，季歷生昌，姬昌後被商紂王封爲西伯，故稱西伯昌，後世尊稱爲周文王。

文王其德之純，詩經一書中，頌揚備至，如周頌云：「維天之命，於穆不已，於乎不顯，文王之德之純。」他一心以天下蒼生爲念，後來於渭水之陽，得遇賢人呂望，尊之爲師，任以爲相。

文王爲民除害，先後討平很多國家。德威四播，諸侯們紛紛來朝，勢力遠超過商王，但他仍然臣事不改。論語上說：「三分天下有其二，以服事殷，周之德，其可謂至德也已矣！」(註三四)其被景仰之深，由茲可見。

施政方面，任用人才，信任不疑，眞正做到分層負責，絕不去干預，如書經所載：「文王惟克厥宅心，乃克立茲常事司牧人，以克俊有德。文王罔攸兼于庶言，庶獄、庶愼，惟有司之牧夫，是訓用違，庶獄、庶愼，文王罔敢知于茲。」(註三五)庶獄是人民生死所關，只責令臣屬們勤職盡心，這就等於今世民主政治的司法獨立。

「文王卑服，卽康功田功，徽柔懿恭，懷保小民，惠鮮鰥寡，自朝至于日中昃，不遑暇食，用咸和萬民，文王不敢盤於遊田，以庶邦惟正之供。」（註三六）文王自奉至薄，對人民生計看得很重，勤勞不息，一切都以身作則，所以詩經上也說：「上天之載，無聲無臭，儀刑文王，萬邦作孚。」（註三七）

商末，紂王暴政變本加厲；文王居周侯之位，爲人民遭受痛苦而感嘆，竟被紂王囚於羑里（今之湯陰縣），爲時七年，他乃精心著述，演周易，作卦辭，這就是易經的由來。是書哲理深奧，包羅萬象，在今日能眞諳其旨意者，恐不多見。

文王在位五十年，足資法於後世的很多，極重要的是「敬德」這一觀念，中國文化道德，通過文王的敬德而獲得偉大成就，後世儒家就是循着此一方向而發展的。

武王

武王，名發，是文王次子，承父命建新都於鎬京（今之西安南），時當公元前一一二二年。武王純孝，念念爲光大父王之德，以救萬民。卽位的第十三年，才正式舉兵伐紂，兵到孟津，天下諸侯不由而同的帶領軍隊來幫助的，有八百國，是史無前例的「孟津大會」。武王在發兵的誓詞中，先誠懇的說明做爲人君的職責；「惟天地萬物父母，惟人、萬物之靈，亶聰明，作元后，作民父母。」（註三八）而後指出商紂的罪不可赦；紂上不敬天，災降百姓。而他自己則瓊宮玉食，窮奢極慾；炮烙忠良，解剖孕婦，已到天怒人怨，眾叛親離的地步。由於「皇天震怒，命我文考，肅將天威，大勳未集。」（註三九）足見他是繼志述事，而從事於除暴救民的大業。牧野（今之河南汲縣）一戰，紂王的七十萬大軍土崩瓦解，自己則登鹿臺自焚而死，商王朝傳六百二十九年而告終。

武王滅紂之後，徹底廢除惡政，立散鹿臺之財，發鉅橋之粟，大赦天下，人民眞是如解倒懸。「樹德務滋，除惡務本。」（註四〇）從他這句訓詞，來探索爲政的道理，可謂金科玉律。

領導人民，在誠、愼，「天畏棐忱，民情大可見，小人難保，往盡乃心，無康好逸豫，乃其乂民。我聞曰：怨不在大，亦不在小，惠不惠，懋不懋已。」（註四一）

政府中的文武百官，絕對的要賢能，並重視民生與教育，他說「建官惟賢，位事惟能。重民五教，惟食、喪、祭，惇明信義，崇德報功。」（註四二）又說：「雖有周親，不如仁人。」（註四三）這是德治的最佳範例。

德治仍不能免於用法，不過武王指出定刑必基於仁，對重刑犯，事關生死，絕對要愼思，他說：「要囚，服念五六日，至于旬時，丕蔽要囚。」（註四四）他曾告誡康叔：「汝陳時臬事，罰蔽殷彝，用其義刑義殺。」（註四五）刑殺實出於不得已，其根本精神在輔德治的不足。

孟子對武王革命，是非常崇尚的，在對答齊宣王時曾謂：「書曰：『天降下民，作之君，作之師，惟曰：其助上帝，寵之。四方有罪無罪，惟我在，天下曷敢有越厥志？』一人衡行於天下，武王恥之，此武王之勇也。而武王亦一怒而安天下之民。」(註四六) 故自是弔民伐罪，必效湯武。

周　公

周公，姬旦，是文王的第四子，武王姬發之弟。他對武王完成革命大業，建有殊功，在在顯示出卓異不凡。

武王在滅紂的第七年去世，太子姬誦繼立，爲周成王，時在公元前一一〇四年。成王因年幼，周公義不容辭的代爲攝政，重用賢德，更勝前代，「一沐三握髮，一飯三吐哺。」(註四七) 其謙沖何等感人。

周公展開仁政，製作了各種典章制度，精密周延，集堯、舜、禹、湯以道統之大成，是歷史上一件輝煌不朽的盛舉。如：封建子弟和功臣，固然在統治上大有幫助；至於封建唐、虞、夏、殷的後代，使之賞祀宗廟，則是對以往社會所成立的邦國，與以重新承認，布施仁德，其安撫作用是很大的。無論從便於統治，或出之安撫來看，皆足以表示這個周王朝中心的力量和精神，及於萬民，覆載四方，對中國社會民族的凝合協調，功效至偉。

原來殷人敬祖之風很盛，周公則沿襲以建立宗法制度。由宗法而定君位，嚴人倫。教爲臣下的人，由敬祖先而敬宗子，敬國君而敬天子。教爲君上的，由敬天、敬祖宗，而知去愛同宗的族人，愛天下的百姓。這樣，就由家庭的情誼，社會的組織，政治的系統，宗教的情操，合而爲一了。正是：

「自仁率親，等而上之，以至於祖。自義率祖，順而下之，以至於禰。故人道，親親也，親親故尊祖，尊祖故敬宗。敬宗故收族。收族故宗廟嚴。宗廟嚴故重社稷。重社稷故愛百姓。愛百姓故刑罰中。刑罰中故庶民安。庶民安故財用足。」（註四八）無論是家族倫常，或社會倫理關係，已趨於制度化和定型化了。

周以後，逐漸地看重禮讓忠信；如周禮中的官制、禮制，儀禮中的儀節、規律，對人倫的分位尊卑，及職位等，都賦與一定的道德意義。這就是由人道引申到羣道的發展，由自律道德而衍生他律道德。人文斐然，無異開中國道統的新紀元。故孔子頌贊備至：「周鑑於二代，郁郁乎文哉！吾從周。」（註四九）又說：「甚矣，吾衰也，久矣！吾不復夢見周公。」（註五〇）

孔子

孔子，（公元前五五一——四七九年）時在平王東遷後的春秋之世，周道日趨沒落，當日賴以維持政治和社會秩序的制度，因權力中心的周王朝腐化失勢，更因諸侯們的競相獨立，而遭到破壞。雖然五霸高唱「尊王」，以維持和平。實際上都是以力假仁，強權至上，功利思想主宰世局，方興未艾。

當時，使孔子感受最深的，是周文的解體，這是個根本問題。因爲周文涵蓋極廣，包括了政治制度，社會風俗，和生活規範等等。孔子的理想，主要的在重整周代禮法，將背棄周文的人心，經由重建回歸。所謂重整禮法，並非復古，而是從原有形式，賦予新的意義，和進步的內容，其中心思想則落實在人本主義，所以首先揭示「如何作人」，他懸了一個極則——仁。仁者愛人，做人就從這「愛」去推展。

「愛」，天性上雖有親疏差別，但能由近及遠，一層一層的向外延伸，就構成了和諧社會的整體關係。因爲富有仁愛之心，對人都是主動的關懷、負責，凡事訴於心之所安，不計其他，這是人類文化永賴維持的根本力量。

「富與貴，是人之所欲也，不以其道得之，不處也。貧與賤，是人之所惡也，不以其道得之，不去也。」人之所以心安，是得「道」，富貴貧賤就微不足道了。他曾說君子不在求美食，求居安，是在求做人的道理。假使爲了堅持做人的道理，就不能活命，那麼仁人志士就會毫不猶豫的去就死。因爲苟且偷生，縱能多活幾年，卻喪失了爲人的意義，不過是個衣冠禽獸罷了。所以他特別強調，人不要爲了求生而害仁，更要進一步的能夠殺身而成仁。這種仁化了的道德生命，早已突破形骸間隔，將個體與整體融合爲一。生死不是大事，踐仁成德才是大事，所以說：

「朝聞道，夕死可矣！」（註五二）

周代所遺留下來的禮文，全是經驗習慣的累積，其中並未言及仁性自覺，一經孔子點出這個

「仁」字，就了然於周文的質卽是仁，文質並重，禮文兼修，成了一個形神具備的有機體，使原屬於外在的禮文，立卽轉化爲植於內在生命的東西，肯定禮樂制度的價值，以作爲人生文化的極終理想去把握。是知孔子的偉大不朽，不僅是他能成爲中國倫理哲學的奠基者，更是中國生活規範的創建者，能突破文化背景的限制而予文化以光大創新。

他的政治主張是「爲政以德」，從君子的篤於親，而導使萬民樂於爲仁。足食足兵，企求國家富強不是唯一目的，而是強大了便要去主持公理正義，在國際間弔民伐罪。如只講富強，不過是徒然犧牲一切人生文化價值理想，來成就人主的私欲罷了。卽使達成了，也只能稱霸一時；決無久享之理，這些道理，已在我們的歷史中得到見證。

他做學問是下學——從各種事物上去磨鍊，而上達到道德人格的完美境界。惟有獨立的人格，才能產生足够的剛毅，抗衡濁世，能有所守，所謂三軍可以奪帥，而匹夫不可以奪志。偉大的操持和救世的宏願，一直鼓舞振動千秋萬世後代人的心弦。

儒家學術，以孔子爲宗，而孔子學術周延至廣。在他週遊列國，不能發展政治抱負，年紀已經老邁，才廣收弟子，從事教育和著述。刪詩書、訂禮樂、贊易象、作春秋，由修齊治平的道理，直透宇宙，有體有用，本末兼賅，故能成爲中國文化承上啓下的道統中心。

第二節　孟子與中國道統

孔子開私人講學之風，學術普遍伸入民間，不再是封建貴族的專利，中國的學術思想，就無形地播了百花盛開的種子，一個奇異而引人入勝的景觀就將來到。當時最爲活躍的顯學，仍是儒家，其他學派尙在萌芽。由於社會在快速的變遷中，動亂日見加緊，各國諸侯有的爲求自保，有的大懷侵略野心，都急於謀求富強，競相養士，不惜厚幣招納賢才。到了戰國初期，所謂「百家爭鳴」的局面就慢慢的展開了。

最先脫穎而出的是墨家，以反儒的姿態提出它的主張，來勢很猛，竟能和儒家旗鼓相對。接着又有道家的楊朱思想出現，他們的言論，都富有濃厚的誘惑力和搧動性，甚能投合求變心切的社會大眾，使消極頹唐的得到驟大的溫暖，焦灼急躁的大可以清涼一下。這種趨勢，到了戰國中期，就更加的複雜了。各派學說愈來愈紛歧，陣容越變越混亂，儒家竟增入了很多假儒者，墨家分成了三派，道家也混進了縱慾主義。還有新產生的法家商鞅等輩，兵家的孫臏、吳起，縱橫家的蘇秦、張儀，以及許多清談好辯的「稷下先生」。推波助瀾，達到思想波動的高潮。

那堂堂正正以王道仁政爲號召，而能顧到整體，對人世問題謀徹底解決的儒家，反倒被冷落一邊。各家各派自我眩耀，認爲儒家的學說，空疏迂腐，不合時宜。這股非儒的力量實在太尖銳了，使孔子思想的聲勢大爲動搖，幾乎全被掩蔽。這個問題多麼嚴重，假使讓這些標新立異，借奇鳴高的學派橫行在思想界，不僅無補於世道人心，徒使綱紀敗壞，帶來無窮後患；甚至中斷中國道統，無異殺害了整個民族生命的根本。所以儒者們再不能坐待澄淸，必須積極的振作起來，舉出有力論據，才足以「正人心，息邪說」。

當時，最先有這覺醒和認識的是孟子；扭轉頹勢、獨挽狂瀾，使儒家大放異彩的也是孟子。

孟子生平的奮鬪，有兩個目標：一是要從思想上發揚儒學，一是要從政治上推行仁政，把儒家的理想具體實踐出來。所以他必須雙管齊下。對異端駁斥，先要將孔子學說建立一套理論體系。本來孔子不重言說，所提出的多是原則性，含意至深，教人去領悟。但是這時情況，逼得一心衞道的孟子，不得不將孔子隱微含蓄的地方予以肯定，使他們無法隨便假托孔子之言，作爲自己立異的依據，並且進一步對他們的論點予以辯正，使其折服，轉而對儒學服膺奉行。大家都知道孔子的中心思想是「仁」，千言萬語勉人去行仁，但對於「仁」的理論，並無說明。孟子則提出性善的學說，爲孔子的「仁」字立下人性的根據，同時特別強調一個「義」字，使孔子的「仁」字更能向外發揮，這些都是孟子抓住時代趨勢，爲儒學加入了新血輪。假如那時沒有孟子本「千萬人吾往矣，」的精神，挺身而出，以悲壯的心懷，鋒利的辯詞，一一的予以說服，則孔子的精神，勢必爲其平淡的外貌所掩埋；孔子的大道勢必爲那些淺見的眾人所摒棄，那裏還能萬古常新的傳之後世，尊爲至聖？

孔門弟子三千，賢者七十二人，散布各地，大抵多是頌經樂道的君子，做人作事，能謹守師訓，各展所長，至於光大孔子之道，就無此才氣了。孟子私淑孔子，一生的抱負在繼承孔子，弘揚儒道，這一光輝偉大的使命，孟子確是有聲有色的完成了。

至於孟子主張王道，是時勢使然。因爲周代封建制度已經解體，如果還想依靠衆諸侯所標榜的共同理想——尊王攘夷，一方面大家在形式上仍尊王室，一方面只求衆諸侯之間保持均勢，很顯然的不可能了。於是企求新統一的觀念，已廻旋在知識份子和羣衆的心裏。孟子就能當機立斷，因勢利導，捨棄周文，而舉起王道主義的旗號，周遊列國。

無奈當時的國君們，一致追求富強功利，幾無例外。他們居於高位，擁有大權，誰敢忤逆他們的心願，跟自己過不去。可是孟子始終抱着仁義的理想，以超然、凛然的態度，在權勢者的面前，暢談王道。「說大人則藐之，勿視其巍巍然。……我得志弗爲也。」（註五三）那種風骨嶙峋，掀天撼地的氣魄，使權貴的聲威，爲之摧懾；很馴服的聽他教訓，縱然不願眞正照着去實行，卻也不敢在言辭上表示否定。

如答梁惠王的「何必曰利。」簡直有千鈞的力量，直透心底，不由得你再設托詞來搪塞。

如齊宣王一見面，就很神氣的問孟子：「齊桓晉文之事，可得聞乎」？希望孟子對齊國和齊王大加恭維，想不到孟子劈頭就說：「仲尼之徒，無道桓文之事者，是以後世無傳焉，臣未之聞也；無以，則王乎！」（註五四）睿智練達的孟子那裏會不知道桓文之事（在告子下那一章，他說五霸是三王的罪人，復言五霸以齊桓最盛，記葵血之會，尤爲詳細。）這樣說的意思是霸道免談，要談就是談王道，齊宣王終於祇有乖乖聽訓的份。孟子說王道仁政，並不是高不可及的事情，其關鍵全在善推其所爲，以及於百姓而已。後來齊王很坦白的承認他好貨好色，孟子卻告訴他這沒有關係，只要你知道別的人也會一樣的好貨好色，而去替他們設想，解決問題，就是實行王道了。

王道仁政很崇高，太難說得清楚，孟子卻能施以機會教育，簡易平實，一語道破。其偉大的胸襟和神奇的機智，怎能不叫我們由衷的崇慕呢？

孟子遊說諸侯，「後車數十乘，從者數百人。」浩浩蕩蕩，給人的第一印像就是氣勢非凡；問答之間，更是吐屬高雅，如同一篇絕妙文章，故能徧獲朝野間的看重和尊敬，比起孔子當年在陳絕糧的寒傖，不能同日而語。孟子當時雖獲尊重，卻並不能發展內心抱負，因爲世俗所追求的實利和他所企盼的道德理想，有着嚴重衝突，自然無法爲現實世界所容納。甚至還受到像淳于髡那種人的熱嘲冷諷，而他仍不灰心，還是用冷靜而傲然的態度來面對這殘酷的現實，這完全是出於他那滿懷救世的熱忱，和對道統負責的使命感所支使，正是孔子所說的：「士不可不弘毅，任重而道遠，仁以爲己任。」(註五五) 當孟子周遊列國的最後階段，見道不行，內心豈能無愴涼之感。但是他深信：「五百年必有王者興，其間必有名世者。由周而來，七百有餘歲矣。以其數，則過矣；以其時考之，則可矣。夫天未欲平治天下也；如欲平治天下，當今之世，舍我其誰也……。」(註五十六)

天不生仲尼，萬古長如夜，孔子之道就是一盞明燈，指點着民族整體生命永遠走向光明；孟子衞道之功，則護衞了這盞明燈，永遠不會熄滅，而且更能使之光大，永垂不朽。由兩漢到現在，道統的傳承，也曾有過波折，卻不足爲患，這都是孟子給我們的民族生命注射了終身防疫的針汁！

第一章　註釋

註一　朱熹：中庸章句序。

註二　總裁言論集第一卷。

註三　史記：五帝本紀第一。

註四　同註三。

註五　尚書：虞書、堯典

稽古帝堯曰放勳，欽明文思安安，允恭克讓，光被四表，格于上下。克明俊德，以親九族。九族既睦，平章百姓，百姓昭明，協和萬邦，黎民於變時雍。

註六　尚書：虞夏書、堯典。

註七　孟子：滕文公章句上㊃。

註八　周禮：擊壤歌。

註九　論語：泰伯第八㊈。

註一〇　孟子：離婁章句上㊂。

註一一　論語：堯曰第二十㊀。

註一二　尚書：虞夏書、臯陶。

註一三　同註一二。

註一四　周禮。

註一五　孟子：離婁章句上㊅。

註一六　孟子：公孫丑章句上㊇。

註一七　周易、繫辭下第二章。

註一八　三民主義：民權主義第一講。

註一九　孟子：滕文公章句下㊈。

註二〇　大學：第十章釋治國平天下。

註二一　尚書：虞書、大禹謨。

註二二　論語：泰伯第八篇㊂。

註二三　孟子：離婁章句下⑳。

註二四　史記：夏本紀。

註二五　同註二四。

註二六　孟子：滕文公章句下㊄。

註二七　尚書：商書、湯誓。

註二八　同註二七。

註二九 尚書：商書、仲虺之誥。

註三〇 孟子：公孫丑章句下㈡。

註三一 尚書：商書、太甲下。

註三二 尚書：商書、仲虺之誥。

註三三 孟子：萬章章句下㈠。

註三四 論語：泰伯第八⑳。

註三五 尚書：周書、立政。

註三六 尚書：周書、無逸。

註三七 詩經：大雅、文王之什。

註三八 尚書：周書、泰誓上。

註三九 同註三八。

註四〇 尚書：周書、泰誓下。

註四一 尚書：周書、康誥。

註四二 尚書：周書、武成。

註四三 尚書：周書、泰誓中。

註四四 尚書：周書、康誥。

註四五 同註四四。

註四六　孟子：梁惠王章下㊂。

註四七　史記：卷三十二，「魯周公世家第三。」

註四八　禮記：大傳。

註四九　論語：八佾第三㊃。

註五〇　論語：述而第七㊄。

註五一　論語：里仁第四㊄。

註五二　論語：里仁第四㊇。

註五三　孟子：盡心章句下(卌)。

註五四　孟子：梁惠王章句上㊆。

註五五　論語：泰伯第八㊆。

註五六　孟子：公孫丑章句下㊂。

第二章　孟子傳略

家世　孟子名軻，字子輿，戰國鄒人，即今山東鄒縣附近，靠近孔子的故鄉魯國，出生於西元前三七二年，也就是周烈王四年。

他的父親名激，字公宜。是魯國三桓中的孟孫氏的第十一代，在孟子三歲的時候就去世了。

他的母親仉氏，系出名門，是一位知書達禮，非常聰明賢淑的女性。她對孟子的教育，對每椿很細微的事情都很注意。起初家住在墳場旁時，幼小聰慧的孟子竟學着葬人的儀式。孟母覺察後，立即搬家到一個市場附近，孟子到這新環境不久，又模仿起那些商賈小販孳孳爲利，論斤較兩的吆喝着。孟母祇好趕緊搬到一所學校旁邊，孟子就立即跟着讀書人學習禮儀，從此走上正途。孟母三遷的故事，在我國可以說家喻戶曉。孟母對家教，特別重視「誠、信」二字。有一次聽孟子問她：「隣人家爲什麼現在殺猪呢？」孟母不經意的笑着說：「準備請你客呀！」剛一講完，就認爲不能說這種謊話，於是在晚上果然到隣居家買來猪肉給孟子吃。還有一次爲了告誡孟子讀書要專心有恒，曾把正在機杼上織布的紗全部剪斷。從這裏我們看到母愛的偉大，對孩子有多麼大的影響啊！

遊學　時代在大變動中，滿腔熱情的年輕孟子，胸懷大志，心中早就有了令他傾慕認同的形像：如曾子、子夏、伯夷、伊尹、柳下惠、太公望、子產、子思。不過他認爲這些人物，卻不能和孔子相比擬。他說孔子是自人類有史以來最偉大的人物。那麼他遊學的目的，當然是朝向儒學的發祥地，也就是有着強烈傳統氣息的孔子故國——魯國。

當時儒學的情形怎樣呢？自孔子去世，他的弟子們就在墓地搭蓋了茅舍守喪，同時把孔子生前的言行整理紀錄下來。把孔子的遺物陳列於生前的住所，改成爲廟，供人瞻仰。那些仰慕孔子的，爲了親近這班學養甚高的孔門弟子，都紛紛搬到附近來居住，後來就形成村落，名曰「孔里。」並成爲以後儒家如曾子者傳道講學的聖地。曾子學於子思，孟子學於曾子，其所與往還論道的，當然是子思的門人，因爲孟子自己曾說的：「予爲孔子徒也，予私淑諸人也。」可見亦不止專師一人。

時代背景　在孟子書中記載甚多，綜合說來：政治方面，是貴族政治已崩潰，封建國家開始瓦解，霸權觀念，已不能產生甚麼影響，諸侯們驕奢淫佚，橫征暴斂。國際間只見眾暴寡，強凌弱，戰事頻繁，一片混亂。社會方面，禮、信喪失，風紀蕩然。宗法觀念失去作用，原有的民俗、民德失去權威，生活痛苦，民不聊生。思想方面，競尚功利，遊說風氣，盛極一時，一個一個士人集團開始抬頭，漸漸形成一種新階級，各逞所能，興風作浪。這樣亂離的時代，正急待一位聖傑出來解救。

生活閱歷　孟子的生活閱歷，頗近於孔子。中年以後，曾經離開鄒國到各地去遊歷。周愼靚王元年（公元前三二〇年）到梁國。當時梁惠王正以厚幣，招聘賢士。見了孟子就問以「何以利吾國」？這與孟子所堅持的道德價值，大相逕庭，談話自然格格不入，雖未受到任用，惠王還是很尊敬他的。第二年，惠王死了，梁襄王繼位，孟子又被召見。豈知襄王還遠不如他父親，孟子對他的印象竟是：「望之不似人君，就之而不見所畏焉。」（註一）簡直是孺子不可教，絕望之後，於是離梁赴齊。

來到齊國，齊宣王正滿腦子的霸權思想，對孟子王道主義的主張，當然難以投合，儘管孟子的理由正大，至情動人，終不能使宣王接受。但是宣王對孟子的才智非常欣賞，所以聘他爲卿，等於高級顧問。宣王在計畫攻取燕國的時候，曾請教過孟子，孟子的答覆：「取之而燕民悅，則取之；取之而燕民不悅，則勿取。」（註二）只是宣王後來根本不顧燕民悅不悅的就把燕國滅了。時在公元前三一四年。等到燕國人民羣起叛變，宣王才懊悔沒有聽從孟子的話。孟子第一次在齊國的時間很短，愼靚王四年（公元前三一七年），孟子因母親去世，返回魯國，守喪三年之後，才復仕於齊，一直到宣王滅燕的次年，燕人叛變時，才離開齊國。

周赧王三年（公元三一二），秦楚將要開戰，思想頗近墨家的宋牼，以交兵兩國均爲不利的理由，去勸雙方息兵，在石丘恰好和孟子相遇，孟子又站在儒家仁義的立場，提出義利之辯。

孟子到滕國不知是在那一年。當滕文公爲世子時，就曾經在宋國見過孟子，談過一些有關性善和堯舜的道理。滕定公死後，文公繼位，就禮聘孟子到滕國。孟子曾問滕的君臣，提出過許多重要的意見。如說：「民事不可緩也。………民之爲道也，有恆產者有恆心，無恆產者無恆心，苟無恆心，放辟邪侈，無不爲矣。及陷於罪，然後從而刑之，是罔民也。」(註三)這和孔子「先富後教」的思想是一致的，孔孟首先能正視人類一個現實的根本問題，這一點可惜爲後世專講性命之學的儒者所忽視，使先聖背上不重「實際」的黑鍋。

孟子在滕居住不久，因魯平公要召見他，就離開了滕國。豈知孟子竟受到平公嬖人臧倉的破壞，結果並未見到平公。孟子從五十二歲遊梁開始，到此已二十多年，力倡王道，期諸國君實施仁政的理想完全落空。晚年在鄒國定居下來，教授生徒，死時，已是八十四歲的高齡。在他的心目中，仍然深信王道思想的悲願，一定可以在後世的歷史流程裏完全實現。

第二章　註釋

註一　孟子：梁惠王章句上㈥

註二　孟子：梁惠王章句下㈩

註三　孟子：滕文公章句上㈢

第三章　孟子的中心思想——性善論

第一節　性善論的根源

人是什麼？什麼是人性，在人類早期的歷史階段，是很少去探討的。

中國當殷商之際，人們的一切價值理想，全寄托於天帝。希望通過崇拜和敬奉的儀式，能得到天帝眷寵，賜恩降福，人的思維，幾全爲宗教意識所左右。

經過長期的觀察、體悟，人們漸漸覺醒，崇拜敬奉，並不一定能得到庇護。因爲天帝覆育萬物，固然是仁慈的；但祂也具有絕對正義的性質，和施爲的法則。下界的人必須順從祂的性質，才能得福，違背祂的性質，就要受罰。究竟天帝的性質是什麼呢？如：

「帝謂文王：予懷明德，……順帝之則。」（註一）

「天命有德，五服章哉！天討有罪，五刑五用哉！」（註二）

「有夏多罪，天命殛之。」（註三）

蒙天帝庇護，既然是有條件的，因此就產生了天道和人道的相對關係。如何克盡人道而順天道，就自然地要涉及到人性問題了。

「天生蒸民，有物有則，民之秉彝，好是懿德。」（註四）

「惟皇上帝，降衷於下民，若有恆性。」（註五）

這就顯示了人的本性根於天，人性中的「懿德」是承受於天來的。

「性相近也，習相遠也。」（註六）

孔子的意思，凡是人，其本性都是相近的，沒有多大差異的。成長後，由於各人受到不同環境的感染，才會有習於善，或習於惡的情形出現。在此一觀念誘導之下，人勢必修德養性，始能確立人的價值和地位。

易經繫辭上傳第五章所謂「一陰一陽之謂道，繼之者善也，成之者性也」。說明了造化的發端是純粹至善的。

大學一書，是我國自古相傳做人做事的最根本的道理。開宗明義的說：

「大學之道，在明明德，……。」

就是要我們發揮得自於天的「理性」，這理性自然是善的。

中庸上也開頭就說：

「天命之謂性，率性之謂道。」（註七）「唯天下之至誠，爲能盡其性。能盡其性，則能盡

人之性；能盡人之性，則能盡物之性；能盡物之性，則可以贊天地之化育；可以贊天地之化育，則可以與天地參矣。」（註八）

這個天命所予人的「性」，不是善的又是什麼？

孔子曾說：

「仁遠乎哉？我欲仁，斯仁至矣。」（註九）

這個「仁」，是亙古以來與人俱存的，到了孔子才把它明確的指出來。「仁」的理論在他心中，已構成一個深厚的、圓融的一以貫之的思想系統，卻難能具體解說，貴在心領神會，從行爲上發揮出來。

第二節　為何要肯定人性是善的

人性究竟如何？先哲們從未在文字上作過具體說明。到孟子卻堅決的肯定；人性是善的。這是孟子思想的核心所在，在中國學術思想中激起了巨大震撼，意義至爲深遠。綜合的說，可有以下四個主要原因：

一、當時的思想學派，非常複雜，其中最主要的，除儒家之外，一派是法家，另外兩派是楊朱和墨子。楊朱和墨子思想在根本上，犯了極大的錯誤，儘管在其他方面有可稱者，仍然功難補患，對世道人心的後遺症太大，所謂「差以毫釐，失之千里」，孟子曾大聲疾呼，力陳其害。他說：

「……楊墨之道不息，孔子之道不著，是邪說誣民，充塞仁義也。仁義充塞，則率獸食人，人將相食，吾為此懼：閑先王之道，距楊墨，放淫辭，邪說者不得作。作於其心，害於其事；作於其事，害於其政。聖人復起，不易吾言矣。」（註一〇）

安定社會，在端正人心；端正人心，當首息邪說。他這樣做，完全是盡他對社會、對人類的責任。不是祇在學術上分析，主要的是人類禍福的關鍵。

二、肯定人性善，使一般假儒學，無法對孔子思想的含蓄精微處，亂加附會，標奇立異，譁眾取寵，來擾亂學術思想的眞純。

三、良好政治，主要在做到眞正的平等。孟子道性善，指出人同此性，性同此「善」，無往而不平等，也無往而不自由。人格上既無任何差異，人際之關，彼此就不會因職位上不同而產生優越感和自卑感。專門製造不平等的專制政體，就失去依憑。

四、性善論，提供了人們一條眞實的道路，喚起了人的內在衝力，使人了解自身的價值，和對社會政治的自然責任，敢去面對他的一切命運，無所忌怯；親身體驗所遭遇的一切憂患，適足增益其所不能；並認定社會和文化的危機，都源自於人，解脫危機的唯一力量，也是在人。因此，人的尊嚴和人的價值獲得肯定。

第三節　人性善的論證

人性乃由天賦，故又稱天性。因爲天地自然之道，必表現在萬物上，永恒無極的化育，其最後果實則爲人，最後的核仁則爲人的心，人成爲萬物之靈，所以人心最能反映天心，而且繼承天心。

孟子單標一「善」字來說性，凡善必兼具「眞」與「美」。人性的善，乃宇宙之善的一種表現，那麼由性展演而來的心，亦必是一善。性與心的微妙分辨，是心係由性所展演而來，性只屬天，而心則屬人。心貴能自知、自主，此自知自主就是道心、天理，而引導文化人道的不斷上升。一理想的宇宙，必包括了眞、善、美，一理想人生，亦正如此。而眞善美三者，必在「善」這一項上綜合。故無論科學眞理與藝術美感，都歸宿到「善」字上來，而後才有眞正的意義和價值，而後才有永久的存在與無窮的發展。

孟子舉證人性善的例子，大家耳熟能詳，他說：

「今人乍見孺子將入於井，皆有怵惕惻隱之心，非所以內交於孺子之父母也，非所以要譽於鄉黨朋友也，非惡其聲而然也。」（註一一）

這段話的最須注意的，是「乍見」和「將入」。乍見是沒有任何心理上的準備，將入則表示事態正在進行中。兩者連起來說，是任何人在心理空靈無礙的剎那間，見到孺子就要落入井裏，一股純潔的怵惕惻隱之心，立卽湧起。只此一念的惻隱，足以證明人的本性是善良的。其次他又說：

「一簞食，一豆羹，得之則生，弗得則死，嘑爾而與之，行道之人弗受。蹴爾而與之，乞人不屑也。」（註一二）

這不是天生的羞惡之心嗎？「人之所不學而能者，其良能也。不慮而知者，其良知也。孩提之童，無不知愛其親也。及其長也，無不知敬其兄也。」（註一三）

這不就是天生的是非之心嗎？所以他引申的說：

「由此觀之無惻隱之心，非人也；無羞惡之心，非人也；無辭讓之心，非人也；無是非之心，非人也。」（註一四）

這是仁、義、禮、智四端的本源，爲人性所固有的，是一切美德的種籽。只要能順着此性去擴充發展，就如燃燒的火不能止，噴湧的泉不能斷，其力量是無以比擬的。

我們日常生活中，對仁、義、禮、智的自然流露和發揮，都會親自體驗過。看諸葛武侯的出師表，油然感慨乎忠義；看李密的陳情表，就會爲孝思所感動。看小說、電影，那一個不是站在忠孝節義的這一邊。我們中國有一句最普遍而意義最深刻的話：「人之將死，其言也善。」人死還諸天地，其言的善，正就是出於性善呀！

爲什麼人性本都善良，何以未見人人行善，而那醜惡的事情卻層出不窮呢？因爲人的惻隱好善的心，和食色的需求，都是與生俱來的本性；只是前者不如後者那樣的具體顯明。性色可憑生理反應，使人去追求；好善之心卻異常的奧妙精微，必須靠心官去思，思是一種超越反省的能力，是德性心本身的明覺。心官用思，自然反應清楚，食色口體上的慾望就會被節制，止於天理所許的範圍，而樂於從發揚善性去追求眞我——從大體上用力。如心官不思，任耳目口鼻之官去指揮，儘量以求口體慾望的滿足——在小體上用力，便勢必意識模糊，慾念越出常軌，便墮落爲惡了。其實推本溯源，他的本性仍是善的。孟子曾說人性的有善，就如牛山的生樹，牛山本是佳木葱蘢，因爲接近齊國，樹木被砍了。我們看到樹被砍，便說牛山不生樹木，當然是不對的；同樣的道理，因爲有人爲惡，便說人性不善，更是說不通了。

人既有善良的本性，也有因爲心官疏忽，而縱容慾念升高去爲非爲惡的可能。當人不斷的受到那五光十色的物質誘惑，或其他外在因素衝激時，人會不自覺的跟隨魔鬼跳舞，而聽不進良心的呼喚了。開始的時候，還能因良心譴責感到不安，可是在聲色等魔力圍繞下，人會提出一套不成理由的「理由」來開脫自己的過失。人類促使心理健康，所具有獨特「理由化」的能力，竟也是掩飾過失的工具，眞是人類的悲哀。所幸的是一個人縱然陷溺很深，迷失了自己，但是，當他偶然聽到一句眞心勸導話，或者是眞誠的責難，他那掩藏已久的良心又會激發，責備自己。懺悔自己的所作所爲，別人所說的眞心話，正是自己的良心話，這時候能够澈底改過，就進達入德之門，可達聖人之域了。如果不能如此，自責之後不能隨之遷善，那就將比以前陷溺得更深，甘作魔鬼的奴僕，就是孟子所說的「梏之反覆，則其夜氣不足以存；夜氣不足以存，則其違禽獸不遠矣。」（註一五）的境地。

上面所說的，實際就是天理與人欲問題，孟子之意是，兩者必須調適，這在今天來說尤其重要，物質欲念可以隨時代潮流而進達某種標準，祇要不超出天理就可以，其實合理的人慾即是天理。「聖人治天下，體民之情，遂民之欲，而王道備」。「理者、存乎欲者也。」「理者、情之不爽失者也。」（註一六）孟子的意思正是如此。

「善」，是人心所共同認爲應該這樣，且爲大家所喜歡去追求的。孟子雖僅指出四個善端，但從人心擴充所能演出的，卻是無窮無盡，難爲人人所全知，眞是「不識盧山眞面目，只緣身在此山中。」（註一七）最能內照、省察，先表現來的，就是先知先覺，所以說「聖人先得我心之所同然耳。」（註一八）譬如以前的人並不懂得有葬親之禮，父母死了，就丟棄坑谷。有一天，有一人從坑谷經過，見到他父母的屍體，正爲狐狸、蠅蚋所爭食，他心中就非常難過，額上不由泚泚出汗，這全是良心發現。於是立即回家，拿些籠捙，來把親人屍體掩埋，這個舉措便是仁，便是孝，人間的葬禮遂由此創生。（註一九）我們想，那個人掩埋親人屍體後，他一定會把經過告訴別人，別人聽到，自然會想到他自己已死的親人被扔棄，心中也難過，就知趕快去掩埋，一經傳開，葬禮就成爲一種風俗。那最先掩埋死親的，便是先得了人心之所同然，他便是先覺，聖人。葬禮是可欲的，故人人遵行。人類社會一切的善，都是這樣演出的。所以善，沒有固定的內容，沒有固定的表達形式，善的一切施爲，全視時代潮流需要，從本然之善所展演出來的。

孟子說：

「舜之居深山之中，……及聞一善言，見一善行，若決江河，沛然莫之能禦也。」（註二〇）

又說：

「大舜有大焉，善與人同，舍己從人，樂取人以爲善。」（註二一）

足見舜的善的知識，還是有許多由別人心中先驗之善，所感發興起。見到別人的善，就立即體悟到別人所做的，正是自己所應該做的；別人心裏的善對他就如電流交感，把自己心中原有的善種覺醒，卽刻放棄那末與人同的，而改取了那與人相同的善，這正是舜的偉大處。

「天之生斯民也，使先知覺後知，使先覺覺後覺也。予，天民之先覺者也，予將以斯道覺斯民也。」（註二二）

人心皆有善，不過「自覺」有先後，而且由微而著，由小而大，逐漸影響普遍起來的。孟子所說的性，一如堯、舜他們的善行，純是由天性的自發。湯武是聞堯舜的善言，見堯舜的善行，反之於身的。

「萬物皆備於我矣，反身而誠，樂莫大焉。」（註二三）

物是人生品德的一切標準。凡能爲人所公認施行的，無不是從人心中來，那末這些「物」在我的心裏當然也全具備了。我們只要反身體認，必然覺得別人所提倡所公認的許多善與德的標準，皆恰爲我心所欲，亦爲我心之所有。欣然去行，便非常舒坦，感到內外如一，眞實不虛，怎能不感到大樂呢？

與孟子同時的告子，對人性善，持有不同意見，他認爲：

一、人之性不善亦不惡。他以人的性比杞柳，以義比桮棬。杞柳變爲桮棬，是出於外力的所加；同樣的人爲仁義，也是出於外力所促成。孟子隨卽反駁，予以指正，試問如杞柳無易曲之性，能否成爲桮棬？同樣的人若無仁義之性，加以任何外力，又如何能得仁義。

二、人之性無善無不善。告子以性喻湍水，欲東流則東流，欲西流則西流。孟子則指出，湍水流出來，可東可西固屬不錯，但決不能流向高的地方。水始終是向低處流的，水若任其自然，必出現其向低的性質。這恰如人之性，倘聽其自然，必然向善。水激押可向高處，人受蠱惑可以爲惡，顯係出於他力，都不是本性如此。

其實，物的性怎麼可以比喻人的性，而孟子仍就其所舉，一一糾正，理由充份，具有很大的說服力，足徵孟子高度的睿智、慧識是古今所罕有的。

後於孟子的荀子，主人性是惡的，在他的學說中，舉證很多。我們只要想一想，假如人性的本質是醜惡的話，就不能「率性」了。本性愈發揮就愈見醜惡，不愈給人類帶來更多的問題嗎？

孟子堅定的告訴我們：人性是善的，他何嘗不知人性雖善，也可使其爲惡。但就人類歷史演進的大趨勢看，和從人的內心的眞實要求來看，誰能不承認人性一直是在向善的一邊發展，只有向善的一邊發展，把人類這股自發的永不枯渴的力量釋放出來，一切人世界的複雜問題，才有着手解決的餘地。

人性向善是自然的，但不是告子所謂的「生之謂性。」（註二四）朱子說：

「性者，人之所得於天之理也。生者，人之所得於天之氣也。性，形而上者也；氣，形而下者也。人物之生，莫不有是性，亦莫不有此氣。然以氣言之，則知覺運動人與物若不異也；以理言之，則仁義禮智之稟，豈物之所得而全哉？此人之性所以無不善而爲萬物之靈也。」（註二五）

人性之善，千言萬語難以盡。孟子示人以情驗性，一切的答案都有了。他說：

「乃若其情，則可以爲善矣；乃所謂善也。」（註二六）

這個「情」字，實在神妙之至。情字從心得義，從青得音，「情」可以說就是心之美。中國文化，自來特別重視人事關係的和諧，情就是和諧基石，純粹發之於內心的眷懷、關注，超越於利害之上，是自然而然的主動，將這純美之「情」推展開來，則人的社會，就得變得生機盎然，溫暖安和。如：

慈孝之情，老萊子彩衣戲母，想想那番情景，母子連心，如在仙鄉，眞是無樂可代。

「愛子遊燕趙，高堂有老親，不行無可養，行去百憂新。」——王維——

「寂寂東坡一病翁，白頭蕭散滿霜風，小兒誤喜朱顏在，一笑那知是酒紅。」——蘇軾——

父子至情，寓之於詩，何等感人。

手足之情，弟兄的關連，仍以詩能曲盡其意：

「海內風塵諸弟隔，天涯涕淚一身遙。」——杜甫——

「把酒看花想諸弟，杜陵寒食草青青。」——韋應物——

夫妻之情，寫其恩愛不移的詩詞很多，最富代表性的是：

「在天願作比翼鳥，在地願爲連理枝。」——白居易——

朋友之情，古今美談，不勝枚舉。

「桃花潭水深千尺，不及汪倫送我情。」——李白——

忠貞之情，能死生不計，艱苦更是在所非計了：

「欲爲聖明除弊政，敢將衰朽惜殘年。」——韓愈——

「三十功名塵與土，八千里路雲和月。」——岳武穆——

對故國有情：

「國破山河在，城春草木深。」——杜甫——

「此夜曲中聞折柳，何人不起故國情。」——李白——

對鄉土有情：

「露從今夜白，月是故鄉明。」——杜甫——

「安得如鳥有羽翅，托身白雲還故鄉。」——杜甫——

對社會大衆有情：

「小樓臥聽蕭蕭竹，疑是民間疾苦聲，些小雖爲州縣吏，一枝一葉總關情。」——鄭板橋——

對古人有情：

「天地英雄氣，千秋尚凛然。」——劉禹錫——

「夫子何爲者，栖栖一代中。」——唐玄宗——

「日落長沙秋色遠，不知何處弔湘君。」——李白——

對花、鳥、飛禽，亦是仁心相應：

「山寺歸來聞好語，野花啼鳥亦欣然。」——蘇軾——

我們對人類社會的一切，如果都能由這種眞摯之情去展演，人、物、我之間必能獲得共鳴，邁向至善的境界。我們最不能容忍的，是矯情、寡情、無情、不近人情，許多罪惡，都是由此而來。

乃若其情，就能爲善，繼續努力的做去，則人皆可以爲堯舜。人生最後的目的是成仁取義，孟子深知在具體生活中，要達成這個目的，將遭到各種阻礙，一般小的阻礙，祇要能苦其心志，勞其筋骨就可克服；大的阻礙，就得在生死上作重大抉擇了。究竟是捨生取義呢？還是捨義取生？前者可以完成自己，後者將失去自己（生命的價值）。仁義這個抽象概念，是非常值得爲之生，或者爲之死的生活眞理。文信國在面臨到義與生不能兼得時，毫不猶豫的選擇了義。「鼎鑊甘如飴，求之不可得。」（註二七）無異替孟子的性善論，作了絕對正確的鐵證。更成爲我們後世中國人的行爲榜樣，是善與美的模式，使我們了然於內心之善，必貫透於行爲之美。「當其貫日月，生死安足論。」（註二八）個人生命的昇華，光大了整體民族生命，這不就是至善之境嗎？

第三章　註釋

註一　詩經：大雅、皇矣。
註二　尚書：虞書、臯陶謨。
註三　尚書：商書、湯誓。
註四　詩經：大雅、蒸民。
註五　尚書：商書、湯誥。
註六　論語：陽貨篇第十七㊁。
註七　中庸第一章。
註八　中庸第二十三章。
註九　論語：述而第七㉙。
註一〇　孟子：滕文公章句下㊈。
註一一　孟子：公孫丑章句上㊅。

註一二　孟子：告子章句上⑩。

註一三　孟子：盡心章句上⑮。

註一四　孟子：公孫丑章句上⑥。

註一五　孟子：告子章句上⑧。

註一六　戴東原：孟子字義疏證卷上。

註一七　蘇軾詩。

註一八　孟子：告子章句上⑦。

註一九　孟子：滕文公章句上⑤——……蓋上世嘗有不葬其親者，其親死，則舉而委之於壑。他日過之，狐狸食之，蠅蚋姑嘬之。其顙有泚，睨而不視。夫泚者，非爲人泚，中心達於面目。蓋歸，反虆梩而掩之。掩之，誠是也。則孝子仁人之掩其親，亦必有道矣！

註二〇　孟子：盡心章句上⑯。

註二一　孟子：公孫丑章句上⑧。

註二二　孟子：萬章章句上⑦。

註二三　孟子：盡心章句上④。

註二四　孟子：告子章句上③。

註二五　朱熹集註。

註二六　孟子：告子章句上⑥（趙岐註釋：「乃若」是順的意思。焦循正義謂「乃若」者，轉語也，朱子註，乃若，發語辭。姑置弗論）。

註二七　文天祥：正氣歌。

註二八　同註二七。

第四章　孟子的王道思想是世界大同的根本

第一節　斥霸道、申仁義

當孟子之世，天下混亂已極，比較有實力的諸侯們，都想擴大勢力，和齊桓、晉文一樣稱雄天下，作爲霸主。力量比較小的，則先求自保，都急須富國強兵，把人民視爲工具，爲達目的，不擇手段。以下犯上，以臣弑君，惟利是視，幾成家常便飯。人與人之間，習相僞詐，背棄仁義。所以孟子周遊列國，苦口婆心，不遺餘力的向權貴們宣導王道，對功利主義大加撻伐。

孟子去到梁國時，梁惠王滿以爲孟子也是蘇秦、張儀那一流的人，志在功名富貴而已，所以毫無隱諱的以「何以利吾國」相問。殊不知孟子既痛王道不行，亦恥一般有影響力的知識份子，全無骨氣，甘效妾婦之道去巴結逢迎權貴，故弄得社會烏烟瘴氣。聽到惠王開口問「利」，就直截了當的答覆他：

「王何必曰利，亦有仁義而已矣。」（註一）

「未有仁而遺其親者也，未有義而後其君者也。」（註二）這是一個晴天霹靂，直中惠王心虛之處，同時更樹立了一個眞正知識份子的風範。梁惠王復舉例說他如何的愛民，而民不加多，感到困惑。孟子深知當時諸侯，口裏說愛民，實際是爲了逞私欲，所以就舉五十步笑百步爲例（註三），好好的教訓了惠王一番。這個比喻，眞是精彩絕倫，具有無比的說服力。

當時有一個名叫宋牼的人，也是志在救世，他是以釋爭息鬪、禁攻、寢兵爲宗旨。他聽說秦楚兩國將要開戰，就親自先去楚國排解，在途中遇見孟子，乃說明他是要以「作戰不利」去勸阻楚國用兵。孟子雖然很欽佩他，卻指出不能以「利」相召。即使秦楚因此息兵，那舉國的人民都以利存心，君臣、父子、兄弟之間都沒有了仁義，天下豈不大亂。所以奉勸宋牼，要秦楚止戰，最好以仁義去解說用兵之害，如果任務達成，則三軍因仁義而罷兵，由此人臣以仁義事其君，人子以仁義事其父，人弟以仁義事其兄，一切人際之間，都以仁義相接，天下就太平了。（註四）

有些人說孟子逢利就反對，這實在太不深思了。「義」是純眞的、正大光明的，由義的動機出發，絕不至爲害，而在達成目標的過程，自然會產生功利，這是合理的功利，也可說是義的代表。由利的動機出發，忘卻仁義，縱然達到目標，將由此帶來無窮後患。那時候，天下人大多唯利是圖，不復知有仁義，故孟子但言仁義而不言利，是爲了拔本塞源而救天下的大弊，足見聖人用心之良苦。

孟子時代，周王威信，已完全失去了，周制廢弛，時勢趨向，必須求變、求新，靠霸權來維繫國際和平，進而恢復周王朝的統治中心，已不可能。孟子深察及此，所以他極力的要物色一位眞有仁心仁德，而救天下蒼生的國君，輔佐其成大事。公孫丑曾問孟子：「夫子當路於齊，管仲、晏子之功可復許乎。」（註五）孟子卻很不高興，說什麼用管、晏和他來比。而孔子對管晏曾有好評。如答子路稱管仲曰：「如其仁，如其仁。」這是稱美管仲助桓公「尊王攘夷，」使外族無法入侵，所以說「民到如今受其賜。」（註六）至於稱道晏平仲說「善與人交，久而敬之。」（註七）足見管晏二人大有可稱。孟子並非不知管、晏的才華和所立的功勞，其所以不予稱道者，是有其深刻意義的。

一則是指出霸道不能救天下，看齊桓公當時威風八面，葵丘之會，與諸侯們所立的盟約，堂而皇之，好像很有正義，實際上是「以力假仁」，用威力服人，絕不能久。且風氣所布，其他諸侯，爭相效尤，則民生塗炭，禍患當無已時。管、晏相齊雖然有功，僅做到「將順其美，匡救其惡，」而未勉之繼行王道，是錯誤的。

還有一個積極的意義，是歸結到當時的齊國，已有足夠的條件推行王道：

「齊人有言曰：『雖有智慧，不如乘勢；雖有鎡基，不如待時。』……夏后、殷、周之盛，地未有過千里者也，而齊有其地矣；鷄鳴狗吠相聞，而達乎四境，而齊有其民矣。地不改辟矣，民不改聚矣；行仁政而王，莫之能禦也！且王者之不作，未有疏於此時者也；民之憔悴於虐政，未有甚於此時者也。飢者易爲食，渴者易爲飲；……當今之時，萬乘之國行仁政，民之悅之，猶解倒懸也。故事半古之人，功必倍之，惟此時爲然。」（註八）有這樣大好機會，竟不爲堯舜，豈祇孟子感到痛憤；是亦時代的大不幸呀！

我們　國父領導革命，一直秉承道統，以王道思想爲圭臬。他曾指出近百年來的歐洲文化，是科學的文化，是注重功利的文化，這種文化應用到人類社會，只見物質文明，只有飛機炸彈，只有洋槍大炮，專是一種武力的文化，專用武力壓迫人的文化，就是行霸道。我們中國是講仁義道德的文化，仁義道德是感化人，不是壓迫人，是要人懷德，不是要人畏威，就是行王道。　國父平生提倡「扶弱抑強」與「濟弱扶傾」，乃是重王道、輕霸道，反對帝國主義和侵略主義。

國父救世之心，一如孟子，他曾對發奮爲雄，獲得亞洲第一個獨立強國的日本，期許甚高，他說：

「……所以我們現在提出來打不平的文化，是反叛霸道文化，是求一切民眾和平等解放的文化！你們日本民族既已得到了歐美的霸道文化，又有亞洲王道文化的本質，從今以後，對於世界文化的前途，究竟是做西方霸道的鷹犬，或是做東方王道的干城，就在你們日本國民去詳審愼擇！」（註九）

國父這一段話，詞意懇切，語重心長，不僅是對日本國民和軍閥的勸戒，同時亦指示了日本政府應走的一條康莊大道，可惜日本軍閥後來甘作西方霸道的鷹犬，帶來整個世界人類的浩刼。

第二次世界大戰後，舉世有識之士，無不知道共產主義是全人類的共同敵人。先總統　蔣公高瞻遠矚，對日本不提賠償，寬大爲懷的「以德報怨，」幫助其早日復元，仍是希望能站在人類共同利益上，實行王道。對韓國和印度的獨立，也曾不遺餘力的予以支援，無一不是發之仁心，儘其所能的來挽救這個世界。

當時在世界舉足輕重的國家，對赤色禍患的到處滲透，不以爲意，先是圍堵，後是區域防守，都是以「私利」爲基礎。我們從大陸撤退之後，雖然遭到落井下石的慘痛打擊，仍能堅強地站起來。當韓戰爆發時，正是掃清人類毒害的大好機會，美國的當政者卻昧於整個人類禍福，中道而廢。難怪富有正義和睿智的麥克阿塞元帥，很痛心的在國會陳詞說：

「……所謂殖民地國家，經有長期的剝削。亞洲人民發覺過去在戰爭中之機會，尋求脫離殖民主義之桎梏，並希望新機會之曙光。此方面人民，佔有全世界一半之人口及百分之六十的天然資源。此等人民，現在迅速結集其新力量，精神與物質，以提高生活水準，及爲本身之顯著文化環境而作現代化之設計。此係亞洲進步之方向，及不能被阻止者。在此局面中，吾人之國家，應要根據此種基本發展狀態，而修正其政策，勝於盲目遵循其已成過去之殖民時代之途徑。而亞洲人民現正集中力量於改善其自由命運。彼等所需要者，爲友好之指導、諒解、及支持，而不是專橫之訓示。」

又說：

「由海約翰、搭虎脫、伍德、威爾遜、史汀生，及吾國之太平洋政策各大建築師之一切經營，均因此舉而推翻淨盡，余相信此一根本錯誤，吾人在此一世紀內，將須自食其報。」麥帥的鐘鼓之音，終敲不醒「私利」主義的當政者，足徵人類的刼難還會延長而加深。

果然，越南在他人爲德不卒的行爲中，血淵骨嶽，最後慘遭滅亡。我們被迫退出了聯合國，「和平共存」高唱入雲，敵友不分，世界上那裏還有道義、公理。如今，中東的戰火，中美洲的混亂，中南半島的糾紛，赤色毒焰無孔不入，防不勝防，美國天天在援助或調停之中，更急謀和蘇俄作限武談判，國內意見紛歧，處理問題，日見力不從心，世界何日才能走出黑暗呢？

只有我們中國的王道文化，是完全站在人類道義立場，經幾千年的長期培植，眞正的愛好和平，維護正義，此一文化的內在含蓄，足以啟示將來世界人類一條新的生路，決不能專就目前國力的強弱來衡量。先總統　蔣公早已了然於這段歷史的刼難，要我們「莊敬自強，處變不驚」。辭世之日，猶諄諄的訓示我們，要堅守民主陣容，不與中共談和。所以不管暴風巨浪，山搖地撼，我們始終不打「蘇俄」牌，堂堂正正的傲然挺立，多少事實告訴我們，這條道路是絕對正確的。

今天，人類的絕續存亡，決不是憑無限殺傷力的核子武器所能解決的；也不是憑國際間的縱橫捭闔，陰謀詭計，只短視眼前利害，不問人道正義所能勝任解決的。能眞正挽救世界危局，謀達人類全體幸福的，勢必仰賴於王道主義的伸張，我們豈可妄自菲薄，將來世界大同社會的肇造者是誰，絕對是力行王道的中國人。

第二節 立國處隣、堅持原則

國於天地，必有以立。我中華民族立國迄今，歷代相傳的道統精神，就是我們立國和處鄰的依據。

孟子說：

「域民不以封疆之界，固國不以山谿之險，威天下不以兵革之利。得道者多助，失道者寡助。寡助之至，親戚畔之；多助之至，天下順之。以天下之所順，攻親戚之所畔，故君子有不戰，戰必勝矣。」（註一〇）

國家亡存盛衰，不在形勢上的強弱，也不在於一時的得失，只要民心相向，得道多助，是必然成功的。

當然，時代治亂多變。治世清明，守常容易；亂世紛亂，達變卻是要能運用靈活。孟子隱微地說：

「天下有道，小德役大德，小賢役大賢；天下無道，小役大，弱役強；斯二者，天也。順天者存，逆天者亡。」（註一一）

前者順從天意是理所當然的，後者爲什麼要順呢？這一點是非常值得注意的。天下無道，大國、強國惟力是視，小國、弱國如不審時度勢，要與之抗爭，豈不是自取敗亡。應知大國、強國不行正道，必不能久；我縱弱小，能謙和自強，憂患自勵，修德行仁，固結民心，時間就會改變一切。

滕文公因滕國弱小，間在齊國和楚國兩大國之間，不知靠攏那一國好，而討教於孟子。孟子說：

「是謀，非吾所能及也。無已，則有一焉：鑿斯池也，築斯城也，與民守之，效死而民弗去，則是可爲也。」（註一二）

這眞是千古明訓，朝齊暮楚的詭謀，和東依西賴的惡習，足以亡國而有餘。一個國家雖然弱小，也必須有自立自存的志氣，更要有自衞死守的決心。自己有爲有守，根本不要去考慮親此善彼。

滕文公又問孟子：

「齊人將築薛，吾甚恐。如之何則可？」

孟子對曰：

「昔者，太王居邠，狄人侵之，去岐山之下居焉。非擇而取之，不得已也。苟爲善，後世子孫必有王者矣。君子創業垂統，爲可繼也；若夫成功則天也。君如彼何哉。強爲善而已矣。」（註一三）

國家民族是一個連續的生命，要緊的是在生命長流的綿延不斷，某一階段的拂逆頓挫，也許正肇啟了下一階段的蓬勃向榮。因果相循，只要精誠團結奮力爲善就可以了。

一個國家在國際間，究竟應該採取什麼樣的態度，去應付那千變萬化的各種複雜情況呢？齊宣王曾問：

「交鄰國有道乎？」

孟子對曰：

「有。惟仁者爲能以大事小，是故湯事葛，文王事昆夷。惟智者爲能以小事大，故太王事獯鬻，句踐事吳。以大事小者，樂天者也；以小事大者，畏天者也。樂天者，保天下；畏天者，保其國。」（註一四）

仁者居大國的地位，旨在澤被天下蒼生，替天行道，對鄰近的小國充滿一片仁慈之心，正就是中庸上所說的：「嘉善而矜不能」（註一五），替他們「繼絕世，舉廢國，治亂持危。」（註一六）這種王道精神，自堯舜以來，一直在歷史上流傳，在漢唐盛世，皆有顯明的表現。以小事大，保國爲重，深賴於「智」者，試想在萬分艱危的環境中，力量不逮，沒有深遠的眼光，沒有堅忍的耐力，慮患操危，又怎麼能够創造機運，扭轉乾坤呢？這個「智」字，實在包含着無窮的意義。

如我們　國父所提倡的民族主義，就是要先使自己的國家從帝國主義的枷鎖中解脫，強大起來，眞正的獲得獨立平等，而後推恩於全人類，實行世界主義。　國父曾經說：「中國當獨強的時候，對於各弱小民族和弱小國家是怎樣呢？當時各弱小民族和各弱小國家於中國又是怎樣呢？

當時各弱小民族和國家，都是拜中國爲上邦，要到中國來朝貢，要中國收他們爲藩屬，以能夠到中國來朝貢的爲榮耀，不能到中國朝貢的是恥辱。中國從前能夠要那樣多的國家和那樣遠的民族來朝貢，是用甚麼方法呢？是不是用海陸軍的霸道，強迫他們來朝貢呢？不是的，中國完全是用王道感化他們，他們是懷中國的德，甘心情願自己來朝貢的。……」

這充份說明我們的責任不僅是救國家，而且是要救全世界。今天，打着救世旗幟的國家，骨子裏仍自傲自大，見利而忘義，背棄公理，能救得了世界嗎？

國際上風雲詭譎，遠比過去爲甚， 國父力言中國的外交政策，應有獨立不撓之精神，正如孟子對滕文公所言的道理。 國父深認外力不可恃，第一次世界大戰，堅主中立，分析各國皆以利害爲衡，弱國絕得不到好處的。（後來的巴黎和會正是如此）所以他說：

「其國不可以利誘，不可以勢刼，而後可以自存於世界，卽令摧敗，旋可復立，不然者，雖號獨立，其亡可指日而待也。此非徒肆理論也，凡其國民有獨立不撓之精神者，人以尊重其獨立爲有利。卽從國際利害打算，亦必不敢輕犯其獨立。」

當年比利時不爲德國所屈服，希臘不受協商國的脅迫，皆因具有獨立不撓的精神所至。人重人格，「匹夫不可奪志，」國家更是不能奪志，古今皆然。

我們復興基地的臺灣，經三十多年的努力，不爲利誘，不爲勢刼，完全是秉持道統，「鑿斯池也，築斯城也，與民守之，效死而民弗去，則是可爲也。」（註十七）今日在在有了事實的證明，僅以民心歸向就可說明一切。「雖有鎡基，不如待時」，這個時機的到來，絕對不會很遠。

第四章　註釋

註一　孟子：梁惠王章句上㊀。
註二　同註一。
註三　孟子：梁惠王章句上㊂。
註四　孟子：告子章句下㊃。
註五　孟子：公孫丑章句上㊀。
註六　論語：憲問第十四㊅。
註七　論語：公冶長第五㊆。
註八　孟子：公孫丑章句上㊀。
註九　大亞洲主義。
註一〇　孟子：公孫丑章句下㊀。
註一一　孟子：離婁章句上㊆。
註一二　孟子：梁惠王章句下㊂。
註一三　孟子：梁惠王章句下㊃。
註一四　孟子：梁惠王章句下㊂。

註一五　中庸第二十章

註一六　同註一五。

註一七　同註一四。

第五章　孟子的民本主義是國家建設的根本

第一節　推仁心、行仁政

人本思想，是我們中華文化道統中的重要內涵，自堯舜以來，逐漸從宗教信仰中由擺脫神的權威而建立起來的。其精神完全是以人的本位，以人的立場，裁斷一切，而建立人類行爲的準則。孟子的人性論，則爲此提供了一條眞實道路，人人生來都有善的潛能，發揮這些潛能可循兩個方向進行：

一是從盡心、知性、知天，不斷的超越自己，投入無限。

一是從親親、仁民、愛物，由親到疏，由近及遠，把這些價值實現到社會。

一、貫徹眞平等

政治上的施爲，必須建立在「人格平等」的基礎上。

「民爲貴，社稷次之，君爲輕。」(註一) 無論帝王、卿相，都是人民中的一份子，人民是一個大本源。無論在朝在野，職位尊貴的不同，並不等於人格不同。所謂「人格」，是指人的內在價值而言，絕無地位高低之別。人的人格，除非自己毀傷，是任何人不能剝奪的。

國君雖高高在上，還是爲民而設，如果違反民意，不能爲人民謀幸福，人民就可反抗，甚至起來革命。

「賊仁者，謂之賊，賊義者謂之殘，殘賊之人，謂之一夫，聞誅一夫紂矣，未聞弒君也。」(註二) 孟子這樣告訴齊宣王，湯放桀，武王伐紂，理所當然，絕不能視爲以下弒上的叛逆行爲，而是仗義行仁的正當做法，值得推重。這對那些嚮往霸權的諸侯來說，簡直是直誅其心。孟子又說：

「君之視臣如手足，則臣視君如腹心；君之視臣如犬馬，則臣視君如國人；君之視臣如土芥，則臣視君如寇讎。」(註三) 這已清清楚楚的說明了君臣上下之間的相對關係。

明末清初一位思想家黃宗羲，在他所著的「明夷待訪錄」中曾說，最初本來的君主，是在人人只圖私利，而不理公利公害時代出現的，他是能自願超越自己個人利害，而肯爲公利工作的人物。但是，君主是勤勞繁重，而利益又少的，所以普通的人都不想做君主。到了後世的君主，以爲天下的利害權力都是在他的掌握中，將「利」全部作爲已有，將「害」全部歸於他人，並以爲天下是莫大財產，想將它永世傳之子孫。……在這種情形之下，顯然君主是天下的害毒，民衆完全無須要用服侍古代理想君主的那種獻身的服務。爲人臣的，不可做君主個人的奴才，要具有爲天下萬民的公僕性格。黃宗羲的君主論中，實默默地在貫流着孟子的政治思想，而演進至今日的民主的理論化。

孟子一生周旋於諸侯權貴之間，皆在爭取人格的尊嚴，所言所行，確爲後世樹立了好榜樣。

自推翻滿淸，建立民國，我們一直朝着政治民主的道路前進，在內憂外患的極端艱苦環境中，仍依照既定程序，由軍政、訓政、到憲政。我們的領導中心，焦思苦慮，處處爲民設想，以民意爲依歸，而自奉甚薄，公忠爲國的精神，遠過於孟子當年所期望的尺度。從　國父孫中山先生，先總統　蔣公中正，及今總統蔣經國先生，莫不如此。

在復興基地的臺灣，雖大敵當前，我們仍不遺餘力的推行地方自治，實現直接民權，強化中央組織，已有具體的成就。一切政治制度，立意本善，但到了執行的低階層，因有少數人忘記自己面對羣眾，係代表政府；或因觀念偏差，而造成民眾的不滿。試問不識「民本」精義，不知公僕精神，只知「我有權管你」，自然態度倨傲，氣勢凌厲，未能尊重對方人格，對方又怎會去尊重你，在道義上彼此合作無間，建立起良好關係呢？應知執勤爲公，務須摒除先入爲主的觀念，先尊重對方人格，態度謙和，不是更容易達成任務嗎？

「愛人不親，反其仁；治人不治，反其智；禮人不答，反其敬。行有不得者，皆反求諸己；其心正，而天下歸之。」（註四）從政爲民，不論是那個階層，都要先具誠意對人，講求合理的方式和態度，才能建立美好形象，發揮功效。

仁政本於仁心，因爲「人皆有不忍人之心。先王有不忍人之心，斯有不忍人之政矣。以不忍人之心，行不忍人之政，治天下可運之掌上。」(註五) 事事推己及人，就是王道精神。自古聖王所以能行仁政而王天下，並沒有什麼巧妙訣竅，其關鍵就在於善推其所爲於百姓而已。所謂「老吾老以及人之老，幼吾幼以及人之幼，……故推恩足以保四海，不推恩無以保妻子。古之人所以大過人者無他焉，善推其所爲而已。」(註六)

在「善推」的原則下，便無往而辦不通的。志士仁人所以獻身政治，造福人羣，也就是出於這股仁心的推動。因爲他具有強烈的仁心善意，就使他對於國家的安危、人民的禍福，看成是自己分內的責任。「思天下之民，匹夫匹婦有不被堯舜之澤者，若己推而內之溝中。」(註七) 以此存心，則義無反顧，任何物慾的誘惑，不能動搖他完成使命的信念；任何威脅困難，都不能使他放棄爲仁行善的原則。

齊宣王曾坦白的告訴孟子，他好樂、好色、好貨、好勇。孟子乃順其所好，轉入正道，他說這沒有什麼不對，要緊的是你應該知道你的人民也一樣的愛好。如果做到：

好樂——能與民同樂。

好色——能使全國之人，外無曠夫，內無怨女。

好貨——能使國人居者有積倉，行者有裹糧。

好勇——能一怒而安天下之民，如湯王、武王那樣。

事事不要忘記人民的慾望和你一樣，就先使他們滿足，這卽爲推恩，仁政就從這裏開始了。

二、政經合一

仁政的首要在解決民生，解決的原則是敎養兼施。

先把人民從貧困的枷鎖中解放出來，使他們不致因貧困而失掉尊嚴，變得衰弱。所以孟子說：

「民之爲道也，有恆產者有恆心，無恆產者無恆心；苟無恆產，放、僻、邪、侈，無不爲矣。」（註八）

如何使人民有恆產呢？土地政策是最重要的，他說：

「夫仁政，必自經界始。經界不正，井田不均，穀祿不平；是故暴君汙吏，必慢其經界。經界既正，分田制祿，可坐而定也。」（註九）

政府對人民從仁心出發，並統一規定：

「不違農時，穀不可勝食也。

數罟不入洿池，魚鼈不可勝食也。

斧斤以時入山林，材木不可勝用也，

穀與魚鼈不可勝食，材木不可勝用，是使民養生喪死無憾也。養生喪死無憾，王道之始也。」

（註一〇）可見愛民之政，有合理的限制，必須徹底實行，才能有效。

同時，還要指導人民注重副業：

「五畝之宅，樹之以桑，……鷄豚狗彘之畜，無失其時，……。」（註一一）

民富，使有恆產，其最低標準是：

「是故明君制民之產，必使仰足以事父母，俯足以畜妻子，樂歲終身保，凶年免於死亡。」（註一二）

當然，最理想的是能做到：

「使有菽粟如水火，菽粟如水火，而民焉有不仁者乎！」（註一三）到了這種境地，就大可促使人民守義爲仁，這務須仰賴於教育。他說：

「人之有道也，飽食煖衣，逸居而無教，則近於禽獸。聖人憂之，使契爲司徒，教以人倫，父子有親，君臣有義，夫婦有別，長幼有序，朋友有信。」（註一四）很顯然的，這裏所指的教，是道德人格教育。人民有了德性上的修爲，就不致飽暖之後，而走淫慾之途，都知道持盈保泰：

「食之以時，用之以禮。」（註一五）

政府本身在稅務方面，要儘量顧及人民，做到稅率合理，名目統一。孟子曾指出了五個要點（註一六），意思大概是這樣的：

一、市場上供給空室，使商人儲藏貨物，而不收貨物稅。

二、如果貨物滯銷，依法收購，不使長期積壓。

三、農人只助耕公田，不再徵稅。

四、居住地，不收地稅。

五、不收額外懲罰的夫役稅。

爲政如此，人民那有不仰之若父母呢！可惜當時的諸侯們功利薰心，霸權是尚，不啻對牛彈琴，良爲浩嘆。

中國長期以來，「貧」，和「貧富不均」，一直是社會不安，甚至引起動亂的主要原因。每個朝代，雖在政策上曾做過一些矯正的努力，但由於歷史條件和社會條件的不足，每次都失敗了。

漢代大儒董仲舒，面對這種不平現象，深體孟子精神，向漢武帝提過諫議。武帝除接受罷黜百家，獨尊儒術外，對限田的主張卻未採納，因爲那樣做，必然與既得利益的巨室衝突，而不敢冒此皇室覆滅的大風險。

王莽的爲人姑置弗論。而他的新政則是富有人道主義的經濟改革。「五均」、「六莞」（註一七）的社會福利政策，皆有可取。最後失敗，一是遭到既得利益者的頑抗，主要的是缺少能有效執行這一套計劃的政府和人才，具體的說，是其他政治措施不能配合。歷代經濟改革失敗的原因，莫不如此。

宋代王安石的新政，無一不以增加生產，減輕負擔，抑制豪強爲目的(註一八)。膽識、魄力，遠過前代，最後仍逃不出失敗的命運。

到了民國，是中國歷史上的一個大轉變。國父創造三民主義，實行經濟改革。而「建設之首要在民生」(註一九)，完全和孟子思想一樣。民生主義的本質在主張全國人民經濟平等，大家發財，簡言之就是「均富」。其目的則爲：養民、教民，爲人民謀幸福。一切運作，與各方面嚴密配合。民權主義的政治平等保障了經濟平等，民生主義的經濟平等又是鞏固了政治平等。

求均：土地問題的解決是「平均地權」和「耕者有其田」。資本問題的解決是「節制資本」(私人)，「發達國家資本」。以防止大地主和資本家的產生。

求富：循雙線進行，一是發展國(公)營事業，一是獎勵並保護個人發展方便有利之企業。

我們在復興基地的臺灣，三十多年來，上下一心，風雨同舟，各項經濟建設，都循着民生主義的方法進行，已有輝煌的成就，開創了史無前例的富庶社會。但是檢討起來，仍有若干地方，還待我們來革新。

耕者有其田的政策，在臺灣實施的成績，可以說舉世同欽，一切工商業的進步，無不奠基於此。而在平均地權方面，效果卻不甚顯著。土地漲價歸公，改爲收增值稅，並未能達到防止不勞而獲，及杜絕土地投機的目的。

國營事業，除少數有盈餘外，大多虧損，雖然有不可抗拒的客觀原因，而人謀不臧，仍難辭咎。有人主張改爲民營，這是有背「均富」原則的。我們爲什麼不從組織、制度上多方衡量。首先要健全人事，裁撤冗員。人才羅致，不要忽略品德，一經任命，高度信任，改變監督方式，化束縛爲助力。公平、公正，何患不能走上企業化的道路。

我們的稅收，是以直接稅爲主。而今日所實行的，名目繁多，手續也似嫌繁瑣。高所得者，逃稅漏稅的頗多，數額亦鉅。低收入者卻能如數繳付。不庸諱言的，我們的稅政工作最爲大衆所詬病，使政府在其他方面苦心經營的成果，因此受到貶抑，實在令人扼腕。

國父民生主義的建設條件是：

物質條件——充裕的財政經濟力量。

精神條件——有二，一爲社會道德，二爲國民的知識與學問。誰也不能否認，社會道德的培養，實在太不够了。容在下面一章再爲論及。

三、重用賢能

仁政的推行，是惟賢是用，唯能是任，從民間選出賢能之士，以爲政府的柱石。所以孟子說：

「賢者在位，能者在職，國家閒暇，及是時，明其政刑，雖大國必畏之矣。」（註二〇）

並提醒諸侯們要得民心，就必須：

「尊賢使能，俊傑在位；則天下之士皆悅，而願立於朝矣。」（註二一）

在政治運作上，治法和執法的人同樣重要。因爲：

「徒善不足以爲政，徒法不能以自行。」（註二二）有了一套好的理想，如沒有一套好的制度去施展，這套好理想，便不能在政治上實現。又如果僅有那套制度，而沒有適當的人來主宰斡旋，善爲運用，制度本身就自然不能推進了。所以制度和人物，必須相互爲用，兩者是否配合得宜，是政治成敗的關鍵所在。

周公制禮作樂，良法美意，故維持了西周幾百年的治平政體。到了春秋時代，卻全不是那麼回事了，問題就在人與法不能配合。所以孔子說：「人而不仁如禮何，人而不仁如樂何。」（註二三）人若昧了良心，缺了勇氣，縱有好的制度，也將無可奈何。可見孟子上面那段話，是從孔子的思想引申而來。即是說，制度雖然重要，而人物更重要，這一傳統意見，已有長期的歷史經驗，是絕對正確而不可忽略的。

賢能對治國既具有決定性的作用，做國君的務須很深入的去審察，不要輕信左右的評語，也不要採信諸大夫的建議，一定要國人都說好，再經考慮，認爲眞的可以，才予重用。

但是，賢能的認可，不像選物，只要合於所定的規格就可以了。因爲人的德性、靈明，是無法從某些預定的條件去鑑定的。合條件的，未必能達成其特定的艱鉅任務；也許有某些不合條件的人士，具有高尚德性和異能，足以擔當某種特定工作。在這種情形之下，究竟以選擇手段的

「條件」重要呢？還是以能完成任務的「獨特才能」重要？所以孟子特舉出：「湯執中，立賢無方。」(註二四)這是說商湯謹守中正大道，但是舉用賢才，卻不拘限於一定方式，祇問能否達成任務，根本不問什麼資格和聲望。我們知道所謂「無方」，實際上是有方的——是哲學的、藝術的。

魯國要使樂正子主持國政，孟子聽到非常高興。公孫丑卻不知道樂正子具備那些條件，而請教孟子，孟子告訴他，從樂正子好「善」一事來推斷，不要說治國，就是治天下也綽有餘力呀！這是一則「立賢無方」的最好說明。

近百年來，我們很多遊學外國的學者，看到近代西方的民主政治，認爲他們的制度，遠勝過我們的，我們只要學習到他們那一套制度，一切問題都解決了。豈不知這樣帶來了很大的流弊。過分看重制度，但如忽略了制度背後的人物，忽略了作爲人物骨幹的德性，忽略了一個人物所必需具備的良心與勇氣。那仍會帶來很多弊端。因爲人的德性逐步墮落，儘在制度上求改變，正是「徒法不能以自行，」何況還要知法玩法，鑽法律漏洞以自肥，種種擾攘動亂之來，何嘗不是種因於此。

如今，我們的考試制度很嚴整，人才的任用，也算公正；而且非常講究條件的「合格」。當然，依照制度選派是應該的，如果沒有一點彈性，也會害事。譬如高階層的領導者，他們受國家付托，擔當方面重任，爲了特殊需要，憑着自己的靈明睿智，選擇必要人員，縱然有違形式上的合格條件，一定有他特別着眼，情非得已，我們應該信任他們，支持他們。因爲我們所希望的，要求的，是能爲國家羣體謀福利。我們又何忍以不合格作爲詆譭的藉口，對那些被羅致的特殊人才，動輒以「黑官」呼之，出言尖刻，中國人的厚道精神那裏去了。眞爲這些被請去政府任事的人抱屈，他們是爲了衣食之謀嗎？是想過官癮嗎？都不是的，他們是爲了自己的苦難國家，或爲了那位忠勤爲國者的友情感召，所以他們默不作聲，任勞任怨，是值得尊敬的。

高階層領導者，掌握政策方針，任用重要助手，應該不完全受制度的約束，才能從事功上去責成他。政治上的運用，有「正」有「權」，正乃萬世不變之常，權則是一時變通之用，常道人人可守，權變則是體道高深者出於不得已而用的。我們今天所處的是一個萬分複襍、艱難的非常時期，是一個空前未有的大變局，絕對要放棄本位主義，關門主義。如果一味的守「常」，而不知達「變」，又如何能突破難關，開創新局呢！

四、責任政治

孟子的政治理論，是義務的，而不是權利；是道義的，而不是權力。爲君當師堯舜，爲臣必學伊尹。民眾參加政治是基於一種義務或道義，政治的責任，亦爲一種道義責任。各級官員在崗位上，都應竭智盡忠，主動負責，勇於任事，不然則當引咎辭退，決不可尸位素餐，阻擋賢路。

孟子曾問齊宣王：

「王之臣，有託其妻子於其友，而之楚遊者，比其反也，則凍餒其妻子，則如之何？」

王曰：「棄之。」

曰：「士師不能治士，則如之何？」

王曰：「已之。」

曰：「四境之內不治，則如之何？」王顧左右而言他。（註二五）

這段鏗鏘有力的對話中，實具有無比的啟示作用：對其不忠於所托的朋友，尚要棄絕；對那些不稱職而無工作效率的官員，當然毫無疑問的要予以革免；如果一國之內，不能治好，做國君當如何？當然也應該讓賢了。

齊宣王在諸侯中，是比較開明而有作爲的一位，孟子對他期望頗殷，只要有機會，就設例舉譬的去指點他，就是對齊國的大夫也是如此。有一次問孔距心：

「子之持戟之士，一日而三失任，則去之否乎？」

曰：「不待三。」

孟子接着又說：「然則子之失任也亦多矣！凶年饑歲，子之民，老羸轉於溝壑，壯者散而之四方者幾千人矣。」距心曰：「此非距心之所得爲也。」

孟子乃舉例問他：

「今有受人之牛羊而爲之牧之者，則必爲之求牧與芻矣。求牧與芻而不得，則反諸其人乎？抑亦立而視其死與！」曰：「此則距心之罪也。」（註二六）

過了些時候，孟子把和孔距心的談話告訴了齊宣王，說齊國治理都邑的大夫有五人，只有孔距心知道自己的罪過。齊宣王因此很感慚愧，未能及時救災，所以說：「此則寡人之罪也。」有承認過錯的勇氣，才會有革新的決心。文過飾非，爭功諉過，足以腐蝕政治，是絕不能忽略的。所以孟子曾說：「有官守者，不得職則去；有言責者，不得其言則去。」（註二七）

今天，我們的民主政治，已有完善的制度，設官分職，分層負責，有顯著的成就。但是，總覺主動去發展的精神感到不够，多一事不如少一事，不求有功，但求無過，抱這種觀念的恐怕不少。主管對所屬的工作實力、情緒、及行爲動向，應深入瞭解，公平、公正，要絕對的做到獎優汰劣。只是坐在辦公桌上批公文、開會，去做各種公共關係，本末倒置，行政效率如何能有進步呢？不論任何機關，有了重大過失，主其事者，應主動的引咎辭職，縱有慰留，亦應堅辭而去。不如此，就不能激勵向上，蔚成良好風氣。「士大夫無恥，是爲國恥」，我們不必去看別的進步國家，深深的省悟孟子所說的，努力的照着去做，就足够了。

「知者無不知也，當務之爲急。」（註二八）君子必識其全體，不以標新立異爲高，而要知所先後，依照順序做去。從前，子產主持鄭國的政事，曾用自己的座車在多天讓百姓們乘坐，渡過溱水、洧水，免得涉水受凍。孟子就說：

「惠而不知爲政，歲十一月徒杠成，十二月輿梁成，民未病涉也。君子平其政，行辟人可也。焉得人人而濟之？故爲政者，每人而悅之，日亦不足矣。」（註二九）

子產是一個政治家，有很多治績，孟子獨以此事來論，一如批評管、晏二人，用意實在深刻。案爲政的道理，豈能人人去垂詢疾苦，做那些不急之事。在高位者，必須事事立有規模，從大的遠的地方用心。修橋舖路，便利行旅的往來，是大德；乘輿濟人，解決一時的困難，小惠而已。因當世國君都好施小恩惠，取悅於人。所以孟子借題發揮，使能識得爲政的大體。應知以仁政治天下，必須有經常的揆度，作根本的設施。內竭其心智，外察諸事物，適時適切，所以自然能合於正道，合於眞理。順天下自然之勢，因民之所利而利之，就能惠而不費，勞而不怨。假使愚而好自用，不遵守正常的法度，不爲根本的設施，那就是勞而無功，惠而不知爲政了。

而且任何良好的制度，會因時間遷移，社會結構變異，而遞減其功能的，所以爲政者要能掌握機勢，既然發現流弊，就應立即改正，決不可畏難而拖延。孟子曾經因宋國的賦稅不合理，建議宋大夫戴盈之趕快改進。戴盈之覺得改革很麻煩，心存因循，就說：

「什一，去關市之征，今茲未能。請輕之，以待來年然後已，何如？」

孟子曰：「今有人，日攘其隣之鷄者，或告之曰：『是非君子之道。』曰：『請損之，月攘一鷄，以待來年而後已。』如知其非義，斯速已矣，何待來年？」（註三〇）

這個比喩，實在太恰當不過了。案宋國厚斂重征，就如同「日攘其鄰之鷄」一般；既然知道需要改革，卻說「以待來年」，是與所謂「月攘一鷄」有何不同。爲政本是爲了人民幸福，對於害民的虐政，明知非改不可，而不肯面對現實，予以速除，更和賊性難改的攘鷄者，是一樣的了。「聞義不能徙，不善不能改，」眞是「安其危而利其災」了！

今天，我們在復興基地臺灣能有如此成就，都是因爲我們的領導中心，洞灼千秋，力維道統，推行仁政。就以十大建設來說，所帶給人民的福祉，難以言盡。但是中央以下的單位，有些卻未能善承旨意，仍有檢討的必要。如高速公路完成以後，對交通疏解，促使各種事業發展，眞有劃時代的進步。公路局對營運的籌謀，不能說沒有貢獻，只可惜日久弊生，深爲羣衆所詬病，最使人不能索解的是當「野鷄」巴士開始違規載客，就在公路局門口，當時若加取締，輕而易舉，豈知上下有關人員，視若無睹，既不研究「野雞」巴士的來由，積極的去改善營運，方便行旅，以競爭手段消除其非法營業；又任其擴大滋長，利之所在，趨之如鶩，等到成了氣候，已嚴重威脅到公路營運，才叫嚷起來，不知經過多少折騰，拖延多少時日，始勉強和私營旅遊業者達成協議，起初是承租，而後是收購。這其間，公帑浪費有多少？也有私營未久而吃虧的。至於對行旅的不利影響，更是在所多有，爲什麼不追究責任，予效尤者以警惕呢？以過橋收費舞弊來說，前後有很多人提過建議，可是主其事者，皆答以「查無實據，」敷衍了事，一定要等到爛透了頂，無法抵賴才承認。

違章建築，在大興土木時，無人過問，等到高樓大厦落成，有人檢舉，才又「鐵面無私」的拆除，其中道理，眞令人百思不解。

垃圾問題，老早該有長遠計畫。祇見物質生活提升，垃圾製造，「進步」驚人，到了事態嚴重，不惜「以隣爲壑」，半夜偸運者有之，輪班阻道者有之。開會討論，或「埋」、或「焚」，利多利少，擾攘爭吵，難有結果，這眞是文明社會的莫大恥辱。

孟子曰：

「非禮之禮，非義之義，大人弗爲。」（註三一）

又說：

「大人者，言不必信，行不必果；惟義所在。」（註三二）

這一點在實行民主政治的今天，必須有深入的認識。一個眞正具有仁心仁德的爲政者，他所注重的是如何去完成任務，而採應有的行動。在其進展的過程中，表面上甚至所言不一定信實，所行不一定果決。那些志在爲官的人，則非常注重形式上的禮法，中規中矩，處處逢迎，縱無績效，亦無人非議。我們的民意代表，有些似乎未能注意，往往對前者挑剔有加，則不無有失公道，難收激勵之效。最好的辦法，應從從政者的成果上去考量。

「人之易其言也，無責耳矣。」（註三三）

孟子對於那些因不必負責任，而放言無忌的人，是很厭惡的。因爲天下大小事件，從旁批評很容易，正如臺下看臺上，一舉手，一投足，可以隨便找出缺點；可是等到你自己去做的時候，就感到千難萬難，手足無措了。

「言無實不祥，不祥之實，蔽賢者當之。」（註三四）

說話最不好的，是妨碍賢者進步。我們的民意代表，大多學養有素，能珍視人民所付有的權力，在問政質詢的時候，表現出良好風度。可是也有少數，在觀念上對被質詢的官員懷有「我比你大，你必須對我洗耳恭聽。」所以措詞鮮加考慮，氣盛意揚，傷到對方自尊。假使對方不予接受，則更氣勢萬丈，語近脅迫，非得他人道歉而後止。試想官員們秉公爲人民辦事，他爲什麼要受那些不該受的氣。不然，自甘唾面自乾，就是尸位無能了。也有的質詢者未曾瞭解事情的全盤狀況，僅就某一部份而加責難，就正如孟子所說：

「賢者以其昭昭，使人昭昭；今以其昏昏，使人昭昭。」(註三五)

怎麼可以呢？孟子又說：

「……士憎茲多口。詩云：『憂心悄悄，慍於羣小，』孔子也。『肆不殄厥慍，亦不隕厥向，』文王也。」(註三六)

爲政在於福國利民，應能任勞任怨，效法文王，不以別人的無理指責而受影響，動搖信心。孟子所倡「民爲貴」的人格平等精神，意義至爲深刻，不論是爲官、爲民，地位高下，都應該知道先要尊重別人的人格，這樣，我們的民主政治才有可能邁向理想的境界。

第二節 仁政奠基於倫理

何謂「倫理」？

倫者，「輩也，一曰道也。」（註三七）

「倫，猶類也。」（註三八）

「倫字本義訓爲輩，其字從人從侖，蓋人與人接，然後倫理始生。理字本訓爲治玉，引申之則爲區分之義。凡事物可以區別的是謂物理，而人心之能區別事物的是謂心理。所以科學之以理字標目者，皆含有條理秩序之義。倫理者猶言人人當守其爲人之規則，而各遵其秩序耳」。（註三九）

樂記上說：

「樂者，通倫理者也。」

又說：

「樂在宗廟之中，君臣上下同聽之，則莫不和敬；在黨鄉里之中，長幼同聽之，則莫不和順；在閨門之內，父子兄弟同聽之，則莫不和親；故樂者，所以合和父子君臣，附親萬民也」。

又說：

「大樂與天地同和，大禮與天地同節。樂者，天地之和也；禮者，天地之序也。和，故百物皆化，序，故羣物皆別。」

和諧、秩序，是倫理的靈魂與基本，沒有和諧與秩序，就是噪鬧雜亂，就是無倫理。

先總統　蔣公曾更有簡明的解說：

「倫就是類，理就是儀理，引申爲一切有條貫、有脈絡可尋的條理，是說明人對人的關係。這中間包括分子對羣體的關係，分子與分子相互的關係，亦卽個人對於家庭、鄰里、社會、國家、和世界人類應該怎樣；闡明他各種關係上正當的態度，訴之於人的理性而定出行爲的標準。」

倫理關係，實際就是情誼關係，顯現了人類理性的眞、美、善，這種理性又係宇宙自然和諧的理趣所秉賦。先哲們早已指出其根源：

「人法地，地法天，天法道，道法自然」。

宇宙自然是一大倫理，萬事萬物，萬象萬化，亦各有其一定軌範——小倫理。但任何倫理，必須在宇宙倫理的大法則之下，才是正確的，至善的。否則，縱能行於一時一地，而絕不能歷其久，成其大。惟因中國人的倫理人生，取法乎天、地、人、物大和協的這種崇高的理念境界，故能可大可久，而有無限的歷史生命。

倫理情誼，最先產生於家庭父子、夫婦、兄弟之間，彼此有關之情，遂有天倫之樂，天倫之理，由此展演擴大，以及於全人類社會。一切典章制度，無一不是從家庭倫理衍化而來；典章制度訂定之後，復又成爲家庭的精神支柱，中國數千年來，一直是如此的相互依存。一位日本學者稻葉君山在他寫的一篇「中國社會文化之特質」中說：

「保護中國民族底唯一障壁，是其家族制度。這制度支持力之堅固，恐怕萬里長城也比不上。一般學者都說古代羅馬的家族制度精神之覆滅，是基督教侵入羅馬之結果。但中國自唐代有奈思特留斯派敎（景敎）傳入以來，中經明清兩代之傳教以訖於今，所受基督教影響不爲不久，其家族制度卻依然不變，且反轉而有使基督徒家族化之傾向。佛教在中國有更長久之歷史；但謂佛教已降服於此家族制度之下，亦不爲過，此眞世界一大奇蹟！我們說中國和歐美社會之間橫劃着一鴻溝，全不外這些事實。」

這就是中國文化特強底個性的一種表現，它沒有不容異己的排他性，但是能致「中和」，卻具有無比的融和力，能不斷的日新又新，增益其所不能。

國之本在家。中國遠自堯舜以來，薪火相傳，日益光大，至孔子集其大成。戰國之世，功利主義抬頭，倫理精神受到空前傷害，孟子首乃諄諄於孝弟之義，以中庸的五達道，進而說明五倫的道理，父義當慈，子義當孝；兄義在友，弟義爲恭；夫婦之間，朋友之間，乃至一切相與之人，莫不自然互有其應盡之義。倫理名分，自是全在一些習俗觀念的養成。在這些觀念上，明示其人格理想；而同時一種組織秩序，亦卽安排出來。因爲不同底名分，正不外乎不同底職位，配合攏來便構成一社會。

人人據於倫理，從情與義的上面自覺自勉，這好像舖設了路軌，就能正確的、安全的走向光明。所以孟子不厭其煩的，說出了以下一連串道理：

「不得乎親，不可以爲人；不順乎親，不可以爲子。」（註四〇）

堯、舜是我們所有中國人所崇拜的典型，大家總以爲仰之彌高，永遠不能學到他那種地步。這是觀念上一個莫大的錯誤，孟子就指出：

「堯舜之道，孝弟而已。」（註四一）並沒有奇技異術，難以學成。

「道在爾，而求諸遠；事在易，而求諸難。人人親其親，長其長，而天下平。」（註四二）應知由近以至遠，由卑以至高，由孝弟之事而日益推進，絕無不勝任，亦絕無不可爲的。因爲「道」是具於性分之內，顯現於日用常行之中，是一條平坦廣濶，人所共行的大路，孝弟祇是大路的起腳處。

「仁之實，事親是也。義之實，從兄是也。智之實，知斯二者弗去是也。禮之實，節文斯二者是也。樂之實，樂斯二者，樂則生矣；生則惡可已也！惡可已，則不知足之蹈之，手之舞之。」（註四三）

仁主於愛，而愛之深，莫過於對自己的父母；義主於敬，而恭敬的那份心意，莫不先施於自己的兄長。故仁義必發端於事父、兄，孝與弟不虧，是人生最快樂之事，推廣可用於無窮。要注意「節文」二字，意義中是寓有改造性和適應性的。因孝弟的精神固永遠不會變易，而其內涵和表現方式，則宜隨時代需要去加以調節、修飾。

「天下大悅而將歸己，視天下悅而歸己，猶草芥也，惟舜爲然。不得乎親，不可以爲人；不順乎情，不可以爲子。舜盡事親之道，而瞽瞍底豫，瞽瞍底豫而天下化，瞽瞍底豫而天下之爲父子者定，此之謂大孝。」（註四四）

「爲不順於父母，如窮人之無所歸。天下之士悅之，人之所欲也；而不足以解憂。好色，人之所欲；帝妻之二女，不足以解憂。富，人之所欲；貴爲天子而不足以解憂。人悅之、好色、富貴，無足以解憂者；惟順於父母，可以解憂。人少，則慕父母；知好色，則慕少艾；有妻子，則慕妻子；仕，則慕君；不得於君則熱中。大孝終身慕父母，五十而慕者，予於大舜見之矣。」（註四五）

「人之所不學而能者，其良能也；所不慮而知者，其良知也。孩提之童，無不知愛其親也；及其長也，無不知敬其兄也。親親，仁也；敬長，義也。無他，達之天下也。」（註四六）人，自小便知愛父母、家庭，是爲良知良能。但年事漸長，智識漸開，此種良知良能卻會漸漸淡忘。孟子一再稱道大舜，由於舜到五十還能慕父母，且那時舜正是受了帝堯付託，代攝政事，掌理着天下大權。而他還能像孩提時那般，保有一片童心和一派天眞，眞是難得。正是孟子所說的

「大人者，不失其赤子之心者也。」（註四七）試問，人是大了，年歲是長了，知識是開廣了，才能是增進了。但把原先自己那顆眞誠的心卻遺失了，又換來了另一個自己。那樣的人生，豈不使人感到太變幻太空虛，至少也會覺得太脆弱太無把握。連自己的眞我，也成爲渺茫不可知。能保持童心，不失本眞，乃是莫大的可貴。若年事更大，知識才能更增長，事業功名日成月就，而依然保持我此原始一番本來面目，一片童心，活活潑潑，才算得是一眞人，卽孟子所謂的「大人。」

人生忠孝大節，是以情感爲主的。「天下無不是的父母」，全是眞情感的話，而不關理智的事。人誰沒有過錯？但過錯犯在父母身上，就孝子的內心眞情感來說，究與犯在別人身上有不同。中國歷史上，犯最大最多錯的，應莫如舜的父母。但父母總是父母；縱說舜母非其親生母，而推父及母，也總是父母。人非父母何由生？舜雖是大聖，亦不例外。從別人看來，舜父頑而母嚚。從舜看來，則頑者是我父，嚚者是我母。舜是一大聖人，聰明正直，寧不知自己父之頑與母之嚚？但因親暱而忘了父母的頑嚚，錯處還小，情有可原。若爲了父母頑嚚，而竟忘了他們是我的父母，則是大過錯，罪不可恕。所以爲罪不可恕者，固其人之無情。忘了父母，則是無情之極，還有什麼事做不出來的。

「事，孰爲大？事親爲大；守，孰爲大？守身爲大。不失其身而能事其親者，吾聞之矣；失其身而能事其親者，吾未之聞也。孰不爲事？事親，事之本也；孰不爲守？守身，守之本也。」

（註四八）「未有仁而遺其親者也；未有義而後其君者也。」（註四九）孝親最重要的是守身，能守住一己人格的無虧，光明磊落，人人以此相尙，這就是仁政的根基。

重視倫理，老年人是普遍獲得尊敬的，這必須先由領導階層躬行實踐。所以孟子說：「伯夷辟紂，居北海之濱，聞文王作興，曰：『盍歸乎來？吾聞西伯善養老者。』太公辟紂，居東海之濱，聞文王作興，曰：『盍歸乎來？吾聞西伯善養老者。』二老者，天下之大老也，而歸之，是天下之父歸之也；天下之父歸之，其子焉往？諸侯有行文王之政者，七年之內，必爲政於天下矣。」（註五〇）

養老、敬老，五千年來，歷代守之不渝。從家庭、社會到國家，老年人扮演着重要而穩定的角色。對老年人需加照顧、尊敬，被視爲是爲政者應盡之責，孟子曾一再強調：「……五十者可以衣帛矣。……七十者可以食肉矣。……頒白者不負載於道路矣。」（註五一）可見敬老是王道政治的一個主要條件。

從家庭、學校、到社會，一致推行孝弟，恭敬長者，每一個生活細節，都必須小心，以示長幼有序。父慈子孝，君仁臣敬，並非有上下階級的不平等，實乃理一分殊，易地莫不如此。人類學家費孝通曾指出，中國過去控制社會的權力，既非橫暴形態，亦非同意的民主形態，而是屬於教化性的權力，這種權力，完全掌握在老年人手中，他稱之爲「長老統治。」（註五二）其實，老年人受到晚輩的尊敬，人生經驗得到看重，並未因年老而被廢棄，正是倫理精神所產生出來的。

中國自古認定忠臣出於孝子之門，只有先能孝親、奉獻家庭的人，才可忠君，奉獻國家。因為中國的家庭功能，除了生物的、經濟的、宗教的以外，還包括了政治性的因素，講求傳統美德，人與人的關係，被情感的鏈子所連結，約制生活的最好方式，是經由教化，讓人人自動遵守社會禮俗或禮教，在無形之中孕育了內聖外王一貫的思想：格物、致知、誠意、正心、修身、齊家、治國、平天下。家庭是一個關鍵，既是一個人明德的始基，又是發展更大理想抱負的根基。卽如詩經所說：「刑于寡妻，至於兄弟，以御于家邦。」（註五三）

不幸自鴉片戰爭後，我國飽受經濟掠奪之餘，西方文化思想中的自由主義、個人主義相繼而來，使我們的傳統社會結構從根動搖，於是產生嚴重的適應問題。由強烈的適應需要，造成對本土文化認同的破壞，其中遭到批評最多，時間持續最久的，就是倫理，具體的說，卽是作為傳統社會安定基石的家庭。如清末康有為的「大同書」，根本否定家族存在的價值。到「五四」時代，知識青年中不但有人反對家族制度，甚至要打破婚姻制度，使傳統的家族與倫理，受到無以倫比的傷害。

今天大陸的暴政，更使中國倫理蕩然無存，來日的倫理建設，自然是我們最重要的課題。但是，我們來臺後的三十幾年間，我們的家庭，正在逐漸的變，而且愈變愈劇。西方產物的所謂「代溝」伸入了我們的家庭，充滿着一片獨立、平等、自由之聲，子女在家中好像躍居賓位。父母對新時代的知識也許不如年輕人；但是對處人處世，追求完美人格的傳授，仍是非常重要的，可是父母的教誨，不論是那方面的，他們一概不去深思，祇覺囉嗦逆耳，不從行爲上反叛算是很好了。加上我們的民法與倫理親情，有些地方大相逕庭。青年男女到了法定年齡，根本可以不受父母管教，一切自作主張。長幼有序，男女有別，好像成了古董。父權一落千丈，人到老年，突然失去了重要感，與年輕人之間的觀念差距，越來越大，由此連帶產生的社會問題愈多，而愈難解決。

現在作父母的，似乎也不想望子女養老。但在子女未成年以前，爲了子女的求學上進，總是盡其所能，省吃省用，不計任何艱苦的予以培植。而且子女在父母的心目中所謂「永遠是長不大的孩子」，這句話包含了多少愛意，親恩浩蕩，山高水深，眞是無法言盡的。現代父母之恩之厚，一如過去的父母，奈何子女卻報之甚薄。譬如有些遊學外國的，學成後獲得優厚職業，另立門戶，遠居天邊，竟不顧年老父母的贍養，使年老父母孤寂無依，晚景凄涼，辛酸無告；甚至父母去世，也不回國奔喪，最可悲的是中國子女對父母遺產，則絲毫不肯放鬆，兄弟姊妹不惜爭執而動武，進而訴訟，對簿法庭的，亦大有人在。種種不良心態，都是中西文化接觸日密的矛盾衝突中所形成的。

中西文化的歷史傳統和背景，各有不同，是難以強其完全一致的。今天雖然都行民主政治，而根基大有分別：

西方民主政治，祇講法治，它的無形支撐力有兩個，一個是宗教，概括了所有的道德要求。

一是個人主義的獨立性格所養成的守法習慣。但是過於注重個人權益的保障，以致濫用法權，藉法律以尋求不合理而有害於羣體的不當利益，甚至於遊行示威，反對政府，誨淫誨盜，無所顧忌。親子異居，幾爲定理，老年人皆被棄置，夫婦離合，視爲平常，最近從電視新聞上，看到有一個地方的法院，在幾分鐘之內，同時判決一百零八件離婚案生效，集團離婚，駭人聽聞；少年犯罪，步步升高，在在說明在重要的家庭一環上，已經有了很深的病象。

中國的民主政治，是法治與德治並重，它的無形支撐力是倫理。中國自古所謂法律，不過是刑律，僅爲禮俗的補充輔助，不得已而用之，貴德而賤刑，強制力在中國是不被尊重的，自來法律條文，都着重於倫常的維繫。人的一切善行，以孝行爲首善，故俗有「百善孝爲先」的說法；一切罪行，以不孝爲最大，故經有「五刑之屬三千，而罪莫大於不孝」的明文。

每一個人畢生的努力，都是爲了「繼志述事」，（註五四）這其中實寓有嚴肅、崇高、正大的深刻意義。各人在學養上的深淺不同，而對家庭堅強的義務感則一。當遭遇到艱難而厭倦人生時，總是能從這義務感裏，重新取得活力，再整旗鼓。有的每每處於家貧業薄、寡母孤兒的苦境，愈自覺其對於祖宗責任之重，而要堅絕努力，去復興他們的家。歷史上的偉大人物，由此產生的很多，也最爲感人。

中國人都重視並嚴守家規、族制，列祖列宗皆備載於家譜，個人生命與祖先之間，永遠保持這個縱的親情關係。人的本身不能外於祖先，故要「敬祖」；人的存在不能外於天地，故要「尊天」，皆在崇德報功。所有的家庭都設有「天地君（國）親師」的牌位，定時祭祀，虔誠隆重，曲盡深到，而化成禮俗。

「祭者，志意思慕之情也，忠信愛敬之至矣；禮節文貌之盛矣！苟非聖人，莫之能知也。聖人明知之，君子安行之，官人以爲守，百姓以成俗。其在君子，以爲人道也；其在百姓以爲鬼事也。」（註五五）這不但有利於團結家庭的功能，也培養了每一個家庭成員的歸屬感。以倫理的精神施於政治，決不要利用人民因理智不到而生畏懼之弱點，以別生作用。亦不必藉教會組織，以資拘束，故亙古不見宗教戰爭，中國人實爲人類信仰中唯一最正大而最自由者，正是所謂大教無名。宗教都以人生之慰安勗勉爲事，中國的倫理不要靠神話奇蹟才能使它有效，無異替代了宗教。倫理情感像一條溫馨的紐帶，緊繫着每一個人，縱然離鄉背井，天涯海角，得了志就要衣錦還鄉。那怕在外面飄泊了幾十年，無有成就，最後仍希望落葉歸根。

人類學家林頓，曾謂人類有三種共同的心理需要：（註五六）一爲取得他人情感反應的需要；二爲長遠安全的需要；三爲追求新經驗的需要。中國人有着傳統的家庭一體感，人人對自己的家庭，皆有強烈的向心力，林氏所說的前兩種心理需要，我們確能得到相當的滿足。

中國自古講求「以孝治天下」，倡三權分立的法國思想家孟德斯鳩，對此備極贊譽，在他所著的法意上曾說：「……是故支那孝之爲義，不自事親而止也。蓋資於事親而百行作始。惟彼孝敬其所生，而一切有於所親表其年德者，皆將爲孝敬之所存，則長年也，主人也，官長也，君上也，且從此而有報施之義焉。以其子之孝也，故其親不可不慈。而長年之於幼稚，主人之於奴婢，君上之於臣民，皆對待而起義。凡此謂之倫理；凡此謂之禮經。倫理、禮經，而支那所以立國者胥在此。」

「支那之聖賢人，其立一王之法度也，所最重之祈嚮，曰吾國安且治而已。夫如此，故欲其民之相敬。知其身之倚於社會而交於國人者，有不容己之義務也，則禮儀三百威儀三千從而起矣。是以其民雖在草澤州里之間，其所服習之儀容，殆與居上位者無攸異也。因之其民爲氣柔而爲志遜，幸有以保其治安，存其秩序。懲忿窒慾，期戾氣之常屛而莫由生。

「……而支那政家所爲，尚不止此。彼方合宗教、法典、儀文、習俗四者，於一爐而冶之。凡此皆民之行誼也，皆民之道德也，總是四者之科條，而一言括之曰禮。使上下由禮而無違，斯政府之治定，斯政家之功成矣。此其大道也。此其大道也，幼而學之，學於是也。壯而行之，行於是也。教之以一國之師儒，督之以一國之官宰，舉民生日用常行，一切不外於是道。使爲上能得此於其民，斯支那之治爲極盛。」（註五七）從人人之孝弟於其家庭，就使天下自然得其治理，爲西人所推崇稱羨，固如此者。

家庭倫理，是傳統中國社會的堅強堡壘，是保證政治推行的原動力。然而，我們現在的家庭倫理問題，已在一天一天的加深，在傳統與現代之間，很難找到明確可循的途徑；青年們對這方面的討論，好像不關痛癢，反應都很冷漠。實際上深入想一想，誰又能否定這個問題的重要性，為什麼感覺上竟如此的遲鈍。

由於時代變遷，產生了現實倫理上的偏差，但並不足以證明倫理理想沒有價值。理性的反應，當知倫理所化成的禮俗是有時代性的，有了行為上的偏差，就必須改正；倫理的根本則是一日不可廢的。改正之道，仍當依據人心之所嚮，由賢德者倡導以成，即孟子所謂「聖人先得我心之所同然。」

五倫中「父子有親」是應該很嚴正去討論的。孟子對「孝」的道理和方法，說得很多，而鮮言「慈」，原因何在呢？是凡能孝的必定能慈，孝子的心目中：孝於父母之日短，慈於子女之時則長。孝行在家庭，上承歡於父母，曲盡孝心；祭祀祖先，禮儀肅穆；下一代的子女，在成長過程，耳濡目染，他自然的不待言教，就知道敬祖孝親，是一件大事，不敢疏忽，將來自己有了子女，亦復如此。孝道發揚了，就真能如禮運大同篇所說的「老有所終」——含飴弄孫，以樂天年，不是豪華的安老院所能替代的。「幼有所長」，人類最不能缺乏的情感反應，得到充分滋潤，不是完善的育幼院、托兒所所能勝。

今天到了太空時代的工業社會，小家庭代替了大家庭，很多禮俗有了改變，而沒有人否定「孝」是不需要的。可是很普遍的：對自己子女的慈愛，不是「無微不至」所能形容的，因為有的超出合理的程度，已在其心理上導致偏差，長大了，會如何呢？可以說愛之反以害之。對自己父母的孝順，卻不大在意，遺棄父母的隨處可聞。古之孝子，孝其父母也，今之孝子，「孝」其子女也，反其道而行，社會焉得不亂。西方文化無有孝道一詞，大多尚不敢叛逆上帝；中國人不講倫理孝道，良知的作用，就微弱無力了，這是多麼嚴重的問題呀！

「夫婦有別」，是應該深入體悟的。現在男女平等，夫婦對家庭的責任，不分軒輊，已無所謂夫唱婦隨、主內主外。實際上，對兒女德性的培養、情感的反應，使家庭這個小社會充滿生機、和諧，夫婦在各方面的責任，其自然差別性，仍然是不能忽略的。「別」的更深意義，是在結爲夫婦，乾坤定矣！在其他的男女關係上，就要嚴加檢點，不能浪漫的逢場作戲，都不可嘗試。中國人除了殺父之仇，就是奪妻之恨，是絕對不能忍的。橫刀奪愛，見異思遷，誰說不是釀成不幸的大原因。今天不可能，也不要求「男女授受不親」，但是孟子所說這句話的根本精神，其重要性是永遠存在的。父子之親，可以而且必要向外推；夫婦之愛，則不能推及於其他男女。

我們能從這兩倫上先去努力，其他三倫就自然順理成章（君臣卽今之個人與國家，及長官部屬），民主政治就眞正落實而易行了。

不論是中國文化、西方文化，都在歷史的大流中前進，各有長短，優劣互見，不可能井水不犯河水，壁壘分明。擺在我們面前的重要課題：是如何把握根本，珍惜並發揮自己倫理文化的長處，從尊卑與平權，及自由與責任的矛盾中，求得改進，以何種新的方式表達。同時，如何虛心的、愼重的去選擇吸收外來文化的優點——公共道德方面，加以調和，使形成一套整體的、可行的、新的倫理規定，以適應現代化社會的需要，是非常必要的。

第五章　註釋

註一　孟子：盡心章句下⑭。
註二　孟子：梁惠王章句下㊇。
註三　孟子：離婁章句下㊂。
註四　孟子：離婁章句上㊃。
註五　孟子：公孫丑章句上㊅。
註六　孟子：梁惠王章句上㊆。
註七　孟子：萬章章句上㊆。
註八　孟子：滕文公章句上㊂。
註九　同註八。
註一〇　孟子：梁惠王章句上㊂。
註一一　同註一〇。
註一二　孟子：梁惠王章句上㊆。
註一三　孟子：盡心章句上⑬。
註一四　孟子：滕文公章句上㊃。
註一五　孟子：盡心章句上⑬。

註一六　孟子：公孫丑章句上㊄。
註一七　錢公博：中國經濟發展史。
註一八　蕭公權：中國政治思想史。
註一九　國父：建國大綱。
註二〇　孟子：公孫丑章句上㊃。
註二一　孟子：公孫丑章句上㊄。
註二二　孟子：離婁章句上㊀。
註二三　論語：八佾第三。
註二四　孟子：離婁章句下(二〇)。
註二五　孟子：梁惠王章句下㊅。
註二六　孟子：公孫丑章句下㊃。
註二七　孟子：公孫丑下㊄。
註二八　孟子：盡心章句上(四六)。
註二九　孟子：離婁下㊁。
註三〇　孟子：滕文公章句下㊇。
註三一　孟子：離婁下㊅。
註三二　孟子：離婁下(十一)。

註三三　孟子：離婁章句上㊂。
註三四　孟子：離婁章句下㊆。
註三五　孟子：盡心章句下⑳。
註三六　孟子：盡心章句下㊈。
註三七　說文。
註三八　曲禮。
註三九　劉申叔着：倫理學教科書（見李石岑之人生哲學）。
註四〇　孟子：離婁章句上㊅。
註四一　孟子：告子章句下㊁。
註四二　孟子：離婁章句上㊁。
註四三　孟子：離婁章句上㊆。
註四四　孟子：離婁章句上㊅。
註四五　孟子：萬章章句上㊀。
註四六　孟子：盡心章句上㊄。
註四七　孟子：離婁章句下㊂。
註四八　孟子：離婁章句上㊈。
註四九　孟子：梁惠王章句上㊀。

註五〇　孟子：離婁章句上㊂。
註五一　孟子：梁惠王章句上㊂。
註五二　費孝通：鄉土中國。
註五三　詩經：大雅。
註五四　張載：西銘。
註五五　荀子：禮論篇。
註五六　林頓：人格的文化背景。
註五七　梁漱溟：中國文化要義。

第六章　孟子的道德主義是社會建設的根本

第一節　道德的意義

何謂「道德」？是行道有得的意思。

「德也者，得之於身也。」（註一）

「博愛之謂仁，行而宜之之謂義，由此而之焉之謂道，足乎己無待於外者之謂德」。（註二）

「凡吾所謂道德云者，含仁義言之也。」（註三）

這可說是儒家傳統道德的最佳闡釋。

中國道德思想，由來久遠。孔子曾明白的指出，行仁就是道德行為中的積極目的。他說：

「人能弘道，非道弘人。」（註四）

要人克己復禮，是要從踐仁的基礎上開拓出一個道德世界。踐仁的發展，是無限的，而總有些地方，不易使人通悟。孟子則進一步的用「仁義」二字表達出來。以「義」為一切行仁運作的尺度標準。在義的指導或節制之下，就不致濫於施恩，而有「仁而不當」的「婦人之仁」那類情形發生。張橫渠據此，更引申的說：

「義，仁之動也，流於義者，於仁或傷；仁，體之常也，過於仁者，於義或害。」（註五）

高攀龍也說：

「斷制太過，則傷於仁；惻隱太過，則害於義，仁義相爲體用而不可偏也。」（註六）

孟子的道德思想，特別強調的是：

一、道德的根本是倫理，人的生命，並不是自己一個人而已，是有倫理關係的。倫理關係，重視情誼，亦即是相互之間底一種義務關係，在前面一章已舉證很多。總之，人在感情中，只見對方而忘了自己，如慈母每爲兒女而忘身，孝子亦每爲其親而忘身。夫婦、兄弟、朋友常處處爲對方設想，念念以對方爲重，因情而有義，正從對方關係演來，而不是從自己立場出發。所貴乎人者，在不失此情此義，這實爲人類社會凝聚和合之所托。

二、道德必循理性，理性之事，存於個人之自覺自律，人之爲人，非僅在有其天賦的仁義禮智之理，而更要能盡其天賦之理，擴充而實踐之。他說：

「盡其心者，知其性也，知其性，則知天矣。」（註七）

盡心，就是盡此性之理。孟子以理性示人，舉人之身爲例，體有貴賤大小；貴者，大者是心思，賤者，小者是耳目口鼻。

> 「從其大體爲大人，從小體爲小人……耳目之官不思，而蔽於物，物交物，則引之而已矣，心之官則思，思則得之，不思則不得也。此天之所與我者，先立乎其大者，則其小者不能奪也。此爲大人而已矣！」（註八）

以理義之悅心，猶芻豢之悅口，及怵惕、惻隱等說，從心思作用的情，直指理性之所在。「無爲其所不爲，無欲其所不欲，如此而已矣！」（註九）直截了當，使人當下豁然而喻。

三、肯定踐道是人生價值所在，人的責任就在踐道，實爲一種最寶貴的人道思想。從人的本性上來認識人，發揚天理良知，以全乎爲人之理。道爲重，義在先，以表現人的生命光輝。人必須朝此目標，力行不懈，爲聖、爲賢、爲君子，決不要爲小人。

人生的痛苦，和社會的病根，皆因舍棄了「爲人之道」。孟子之世，社會人心幾全爲功利思想所陷溺，鬭勝爭強，狠毒詐僞，喪盡天良。如：鄭武公爲襲取胡國，先將女相嫁，以結姻親；復而故殺忠臣，使其堅信不疑。（註一〇）張儀誆楚王，以地相誘促斷齊交，後則食言耍狠（註一一）。還有更醜惡的，爲了個人利益，背棄親友。魏將龐涓嫉妒孫臏才能，竟設計謀害，砍斷其足。（註一二）李斯知韓非奔秦，怕影響自己的地位，即向秦王進讒，而予毒殺。（註一三）同門情誼，在追求個人榮華富貴的目的下，變得毫無價值，其心態之險，手段之辣，眞是禽獸不如。

讀書人汲汲名利，罔顧大眾死活，都是離經叛道的民賊，敗壞風氣，莫此爲甚，所以孟子極力的加以斥責：

「今之事君者，皆曰：『我能爲君辟土地，充府庫。』今之所謂良臣，古之所謂民賊也。君不鄉道，不志於仁，而求富之，是富桀也。『我能爲君約與國，戰必克。』今之所謂良臣，古之所謂民賊也。君不鄉道，不志於仁，而求爲之強戰，是輔桀也。」(註一四)

凡是目的不正，必然有害於人；目的正，手段不正，仍是有害的。當時有個名叫白圭的人，負責水利工程，自認勝過夏禹，很得意的在孟子面前炫耀，孟子就嚴正的指正他：

「子過矣！禹之治水，水之道也。是故禹以四海爲壑。今吾子以鄰國爲壑，水逆行，謂之洚水，洚水者，洪水也，仁人之所惡也。吾子過矣！」(註一五) 維護眞理、正義，直言不諱，足法千古。

對社會人心最具不良影響的，是立論奇特，迎合其錯誤心態，說詞巧妙，似是而非，而富有煽動性的學說，導使觀念偏差，道德敗壞，後果是非常嚴重的。在「利」字當頭的戰國社會，墨子的「兼愛」說，楊朱的「爲我」說，不啻是推波助瀾，火上加油。孟子眼見世道衰微，必須喚醒世人，惟有發揮道德力量，才能安定社會，創造幸福。他以大無畏的精神，面對邪惡，展開兩面作戰：一方面排斥異端，以正人心；同時，嚴辨義利，肯定社會價值。

第二節　排斥異端、以正人心

孟子首先對墨子的「兼愛」，和楊朱的「爲我」予以痛擊。究竟這兩家的旨要何在呢？

墨子大約生於孔子死後的十餘年（西元前四七九），卒於孟子生前十餘年（約西元前三八一年），他曾做過宋國的大夫，因爲他懂得工藝繩墨，製造出許多巧利之器，技術還超過工匠祖師的公輸般，由此推斷，可能是手工藝一流的人物。墨子在那個政治混亂，社會解體的時代，他一心一意朝着救世的目的刻苦鍛鍊，所謂「孔席不暇暖，而墨突不得黔。」（註一六）只要對天下有利，一切犧牲在所不惜，雖「摩頂放踵，利天下，爲之」（註一七）。他要人彼此徹底的互利互愛，不論人與人，家與家，國與國，不可相攻相害，而要親睦和平。這種和平呼聲，無異是戰亂頻仍中的天外福音！口號響亮，熱情洋溢，徒眾四處呼號，有聲有色，盛極一時。

墨子憑着他一股衝力來救世，是透過客觀的利來看一切的。他認爲互愛、知天、明鬼、用賢、統一，對社會有利，所以他主張「兼愛」、「天志」、「明鬼」、「尚賢」、「尚同」。他認爲戰爭、浪費、厚葬、音樂和講命運對社會不利，所以激烈的要「非攻」、「節用」、「非樂」、「非命」。甚至覺得那些空談的儒生誤國，也要「非儒」。

墨子非儒的主要原因，是認爲儒家不講利。事實上儒家不是不講利，而是講在骨子裏，這是他不及深思的關鍵所在。他對外界的認識，僅訴之於通俗常識。他覺得諸夏的文明，實在沒有值得驕傲的地方，整個社會充滿了矛盾。如：

殺一人，判死罪。侵略戰爭，殘殺成千成萬的人，非但無罪，而殺之愈多，功勳愈大，爲什麼？

盜竊要受法律制裁，諸侯公開掠奪，將別人珠寶城池佔爲己有，非但無罪，反而自我誇耀，爲什麼？

人死爲什麼要厚葬，將珠寶財物放入棺木，子女們要「哀毀骨立」？

羣眾勞苦，貴族們卻夜夜笙歌。……。

種種社會的不平，他認爲都是人生的愚昧、短視。只看到一個人、一個階級、一個國家的私利；而看不見大我的、社羣的、以及天下的福利。因此他要把個人自私的心思，客觀化而成一種大利。以這「利」爲取捨權衡的標準。合乎利的便去做，沒有利的便不去做，絕無徘徊折中的餘地，可以說是一位徹頭徹尾的功利主義者。

墨子雖然看出了社會的病態，卻沒有根治的藥方；理論雖高，卻不符實際。祇能算是病理學家，而不是生理學家。

「兼愛」是墨子的基本觀念，也是他思想核心所在的重要學說。孟子就是從兼愛之說加以駁斥的。

古今聖賢無不教人相愛，則墨子所舉之愛，有何稀奇之有，問題就出在這「兼」字上面。所謂兼愛，卽是對所有的人，全部一律相愛，毫無厚薄軒輊。其理論來自天志，人應體悟天對人類一律覆育，人人便要相愛，沒有任何分別，這個道理實在薄弱。兼愛，完全是屬於心智所對的抽象之理，而不是發於仁心所流露的悱惻之情。抽象之理，對仁心來說，是不親切的，甚至可能是不合仁道的。因爲「仁」，是指我們當下中心惻然愛人的眞實情感而言的，有此眞情和實感，才能算是仁。而兼愛只是從邏輯推理中推出來的，它是普通的理，而不是具體的情。兼愛的對象也只能是個抽象的存在，而不可能是現實的存在。人們面對抽象的存在，是決不可能有眞實感情的。旣無眞實情感，自然不能算是「仁」了。

再說，人心靈明，其在某一種特定情況之下，所發出來的愛，又怎麼能够普遍到一切情境中去呢？墨子說因爲天志是如此的，我們要法天，便當行兼愛。但是，天是無限的存在，它可以行兼愛；人是個有限的存在，在實踐中不能不有親疏遠近之別，「親親而仁民，仁民而愛物，」（註一八）都是有具體對象和眞實情感的。譬如說，我雖愛我叔父，卻更愛我的雙親；我雖愛我的隣人，卻總不能比我叔父。我雖愛衆人，但對仁者卻更加親近。這種態度，從表面看好似心胸偏狹，沒有大公無私的氣度。但如仔細想想，這不僅是最切實能行的途徑，且正是本心最合理最眞誠的反應。這種眞實情感，是生活過程中自然產生的，不可能憑理智來製造。人無法對不同關係、不同接觸的人，發生同樣的感情。假使一定要同，那不是矯揉造作，就勢必別有用心，那還有什麼意義？對衆人要一體看待，陳義雖高，說來好聽，實際上根本行不通。

試問，如何能把父親看成路人，或是把路人當作父親來侍奉？反之，我雖只侍奉自己的父親，而別人的父親，也正有他自己的兒子去侍奉。人人各親其親，各子其子，便構成這個社會的整體和諧。

再說，愛要平等無等差，既爲外面的經濟物質條件所限，亦爲內面自己心情的能量所限。如不能平等加厚，則只有平等減薄。爲了強調人的同類意識，而抹殺天然生就的差異關係，那不僅要取銷人類一切倫常，亦會在實際生活上，無所措其手足，無從發揮其優性，人的意義失去憑藉，這對以家族倫理爲基礎的社會，無疑具有嚴重的破壞力。「墨子兼愛，是無父也。」(註一九)其理在此。

從家族倫理出發，孟子的親親、仁民、愛物的差序思想，不僅代表愛心推廣的層次，更包括了輕重取舍的原則。這一點，王陽明說得很清楚：禽獸與草木，同爲我們所愛，卻把草木去餵禽獸；人與禽獸同爲我們所愛，卻把禽獸宰了去養人；至親與路人同爲我們所愛，在顛沛流離之際，不能兩全時，寧救至親，不救路人。

平心而論，墨子的救世精神是感人的，他以大禹勞苦爲師，強本節用，躬行實踐。但是「使後世之墨者，多以裘褐爲衣，以跂蹻爲服，日夜不休，以自苦爲極。」(註二〇)這那裏是人生理想呢？豈不是以愛人之名，而轉近於不愛人之實嗎？

「墨子學儒者之業，受孔子之術，以爲禮煩擾而不悅，厚葬靡財，而貧民服傷生而害事，故背道而用夏政。」(註二一)豈非倒轉歷史，實有背於文明進化。

楊朱究竟是什麼人物，在史學權威司馬遷的筆下亦未提及。列子一書中，有楊朱篇，雖較詳盡，而多屬附會僞作，不足採信。其次是淮南子、呂氏春秋中皆有隻言片語，相互印證，可窺梗概。尤其論語所言的隱者，我們可以確定楊朱卽是道家一流的人物：

「楚國的狂人接輿，唱着歌，走過孔子的車前，唱道：『鳳鳥呀，鳳鳥呀！你的德行爲什麼不顯揚而如此衰敗？過去的不能再諫止了，剛來的還可追及。算了吧！現在從政的人都很危險！』孔子下車，想和他談話。他卻很快的躲開，孔子終於不得和他交談。」（註二二）

「長沮和桀溺，兩人一起在田裏工作。孔子從楚國到蔡國，經過他們那兒，叫子路去問他們過河的渡口在那邊。長沮說：『那車上拉着韁繩的是誰？』子路答道：『是孔丘。』長沮說：『是魯國的孔丘嗎？』子路說：『是的。』長沮說：『那麼他應該曉得渡口在那兒了！』子路又去問桀溺，桀溺說：『你是誰？』子路答道：『我是仲由。』桀溺說：『是魯國孔丘的門徒嗎？』子路說：『是的。』桀溺又說：『滔滔大亂，天下到處都是，而誰能改變這種局面呢？況且你跟從避人的人，倒不如跟從避世的人吧？』說着，仍然不停地犂土覆種。』子路回來告訴了孔子，孔子悵然地說：『人不可以跟山林的鳥獸同羣！我不跟世人在一起，還能跟誰在一起呢？天下如果不平治的話，那我孔丘也不用出來改變這局勢了。』」（註二三）

從上面這兩則記載，足見儒家悲天憫人的救世熱情，水火不避。更了然於那些隱者並不是碌碌眾生，而是有學養有識見的，不過是混在平民當中，不求聞達。他們對當時的學術界非常清楚，只是冷眼旁觀罷了。世界是一片大混亂，臣弑君，子弑父的慘案，到處皆是；國際間連年戰禍，民不聊生。弭兵之會，形同紙上談兵；提倡人道，無異於對牛彈琴。故認為孔子的「知其不可而爲之」的精神，只是傻子的精神，枉費心血，所以諷勸孔子及時回頭，收起那木鐸，參加他們的陣容，隱退在田野間，與鳥獸爲羣，與樹木爲伍，過着簡樸自然，無憂無慮，逍遙自在的生活。

隱者們覺得孔子的作法，「有心哉！」不過癡想而已；墨子的苦行硬幹，不近人情，更是愚不可及。他們一套思想隱藏在心中，而楊朱就是這一思想的代表。

呂氏春秋說楊朱「陽生貴己。」（註二四）貴己乃是尊重自己，看重自己，近乎個人主義的色彩。楊朱心目中的「個人」，是一個純樸的自我，眞實的本體。那末應如何追求這個自我，發揚這個本體呢？那就是「全生保眞，不以物累形。」（註二五）勸人們保全生命的本眞，不爲外物所干擾。所謂本眞，從其立論可以推知就是指的天生自然的本性，眞摯純潔的情感。我們必須保養這種情感，不爲外物所誘。物質引誘可說是最大敵人，聲色犬馬，鈎心鬪角，人們整天追求這些，就必然虛僞欺詐，拍馬奉迎，而喪失天性。所以要「不以物累形」，正如列子書中所說：「生民不休息者爲四事：一爲壽，二爲名，三爲位，四爲貨。有此四者，畏鬼畏人，畏威畏刑。此謂之遁人也。可殺可活，制命在外，不逆命何羨壽？不矜貴何羨名？不要勢何羨位？不貪富何羨貨，此之謂順民也。」（註二六）一個眞正的隱士，是懂得養生之道的。

「楊朱見梁王，言治天下如運諸掌。梁王曰：先生有一妻一妾而不能治，三畝之園而不能芸；而言治天下如運諸掌，何也？對曰：君見其牧羊者乎？百羊而羣，使五尺童子荷箠而隨之，欲東而東，欲西而西。使堯牽一羊，舜荷箠而隨之，則不能前矣。」（註二七）這就是說「將治大者不治細，成大功者不成小。」（註二八）一切道德刑政的干擾束縛，皆不可侵犯個人的自由。他說：

「忠不足以安君，適足以危身。義不足以利物，適足以害生。安上不由於忠，而忠名滅焉。利物不由於義，而義名絕焉。君臣皆安，物我兼利，古之道也。」（註二九）

可見楊朱的政治觀是放任自由，政治愈有爲，則人生愈痛苦。

楊朱以個人之「我」爲中心，認爲先有我，而後才有社會一切，社會一切無非皆爲我而設。他說：

「伯成子高不以一毫利物，舍國而隱耕。大禹不以一身自利，一體偏枯。古之人損一毫而利天下不與也，悉天下奉一身不取也。人人不損一毫，人人不利天下，天下治矣。」（註三〇）

意卽社會是由各個「我」所組成，人我各不相損，各不相侵，不以人有爲我有，不以我有爲人有，沒有竊位苟祿的人，就沒有化公爲私之徒。由「獨善己身」而杜絕亂源。這種消極的救世主義，純粹是一種理想，來自社會病態的反映。對人心厭倦的當時，的確具有暫時的清凉作用。但是深入想想，人本來是羣體動物，倘人各自私自利，不顧他人，不互助合作，則決不能生存。人無爪牙羽翼之利，不以羣力，就不足以敵禽獸；更不要說創造發明，改善生活了。「爲我」之說，眞是「牽獸食人」了！

「楊子取爲我，拔一毛而利天下，不爲也。」（註三一）

想想看，「拔一毛」是「害」之最小者；「利天下」卻是「義」之最大者。犧牲一根毫毛，去換取天下的大義，楊朱竟不願意去做。在他的想法，是雖一毫之微，總是自己身上之物；利天下縱屬大義，則是身外之物（事），爲何要爲身外之物，而犧牲自己呢？果如其說，人人不去利天下，社會組織將無由建立，羣體生活勢必破壞無餘，正是天下之亂源。所以孟子斥「楊朱爲我，是無君也。」（註三二）

再說當時的縱橫家，雖非學派，卻最能敗壞社會道德，前面已略提到。現在再舉一個最富代表性的蘇秦，他學於鬼谷子。很自信的投奔秦國，獻「連橫」之計，而秦王不聽。蘇秦受此打擊，又苦研太公陰符，大有心得，乃至趙國，獻「合從」方策，即南北聯合，團結六國共同抗秦，諸侯皆爲信服，授以相印，卒使秦國不敢東窺函谷關有十五年之久。後來張儀成爲暴秦鷹犬，仍是以「連橫」之術破壞六國團結，使其彼此猜疑，互不爲救，齊魏伐趙，蘇秦由趙赴燕轉齊，終因秦施反間而死在燕國。

所謂「連橫」，即東西連接，秦國與太行山以東的諸侯，單獨訂盟，一面拉攏，一面分化，藉遠交近攻，以達各個擊破的目的。這可說是最早的「統戰」模式，團結就是統戰的尅星，我們能忘於歷史的教訓嗎？

再說蘇秦最先遊說秦國，就是勸惠王採用「連橫」這種謀略，但因那時形格勢禁，正值秦國剛殺了變法維新的商鞅（當年藉宦豎景監的引荐，見秦孝公，先說王道不被採納，再陳霸術而被重用，其人格可知），反對一切客卿的獻策，因而使蘇秦碰壁。戰國策一書中對蘇秦潦倒時的窮困、奮發時的毅力、飛黃騰達時的威風，及炎涼世態，刻畫入微，寓有褒意。其實，嚴格的說，一個人大義已虧，那怕有再多的優點，也不值一提。太史公云：

「蘇秦兄弟三人，皆遊說諸侯，以顯名，其術長權變，而蘇秦被反間死，天下共笑之，諱學其術。」（註三三）韓非對縱橫家的批評是這樣的：

「其言談者，爲設詐，稱借於外力，以成其私，而遺社稷之利。」（註三四）

可見以詐僞爲個人謀，不計人羣的福利，亦不爲法家所取。而孟子早已對蘇秦這一類人，評爲妾婦之道，不屑一顧，是有深刻意義的。

一般世人寧捨人格，以求富貴利達；讒諂阿諛，不顧廉恥，以乞利祿，孟子有一段極精彩的比喻：

「齊人有一妻一妾而處室者，其良人出，則必饜酒肉而後反；其妻問所與飲食者，則盡富貴也。其妻告其妾曰：『良人出，則必饜酒肉而後反。問其所與飲食者，盡富貴也；而未嘗有顯者來，吾將瞷良人之所之也。』蚤起，施從良人之所之，徧國中無與立談者。卒之東郭墦間之祭者，乞其餘；不足，又顧而之他！此其爲饜足也！其妻歸，告其妾曰：『良人者，所仰望而終身者也，今若此！』與其妾訕其良人，而相泣於中庭；而良人未之知也，施施從外來，驕其妻妾。由君子觀之，則人之所以富貴利達者，其妻妾不羞也而不相泣者，幾希矣！」（註三五）

可以說是予無恥之人一記當頭棒喝。

人類歷史演進到二十世紀的今天，完全違反人性的馬克斯共產主義，其對世界的危害程度，已無以復加，絕非孟子時代所指的「異端」而已。

馬克斯這種仇恨思想的產生，起於反抗十九世紀歐洲文明所出現的禍害——資本主義，他要用一種激烈的補救方法，來治療社會的罪惡，就是採用暴力革命。以唯物史觀來作爲鬭爭的理論根據。他要建立一個共產主義社會的「天國」，共產黨徒爲了這個目的，不必再有任何人道之感情，或家庭朋友之間的感情。可以不擇手段，從事任何不道德的事，諸如：扯謊、欺騙、誣告、殘害……，因爲是效忠於黨，所以本身不負任何道德責任。

當人的心目中根本無所忌憚或敬畏，生物性的鬭爭本能，一朝得此大解放，亦宛若窮天橫地而無盡，這是共產黨在世界稱霸作亂的原因。列寧一再強調「鬭爭」是絕對的，此種理論的特殊效用，即：人在鬭爭中，可隨時由見對方之倒下，以生一自己宛若升高的幻覺。當地主資產階級被打倒而沿門行乞時，則每一原來之窮人，都自覺成了富人。當不斷有人送到集中營與斷頭臺時，則未到集中營的人，都覺自己是天下第一自由人；未上斷頭臺的人，都覺自己的生命是意外獲得的，是共黨的恩賜。當一切知識份子，都自認錯誤時，於是最無知識的人，亦可自覺在一切大學者之地位之上。人緣於他的動物性，均可生出撒旦式的幸災樂禍之心。由此心之擴展，就使一個站在地平線的人，只要看見自己站一塊土地外之其他土地，向下崩裂而沉淪，地上的人皆粉身碎骨時，每個人均可私自慶幸，是高居在天堂之頂。他們的鬪爭理論之設施，所以要成爲永遠不斷的鬪爭，並不斷的製造鬪爭，由鬪爭黨外人，到鬪爭黨內人，直到一人極權爲止。這是人類最可悲憫的變態心理，然此變態心理，卻正是支持共黨極權世界之一大力量之原。

時至今日，共黨所控制的土地，幾爲全球之半，而馬克斯所幻想的天國仙境則愈走愈遠。原來在社會底層的人，不但個人尊嚴和自由幸福沒有提高，反而在共產黨手裏領受了一些史無前例的汚辱。解放和進展都是謊言夢囈，事實所表現的結果，是億萬人的血和淚、失望、恐怖和求生不能，求死不得的奴隸生活。

顯然的，馬克斯共產主義已僵硬的、具體的、現實化爲一極權世界。這極權世界是要獨佔人類文化世界之現在與將來，要窒息人類一切理想之發生，而斬伐一切理想之根株，於是馬克斯的理想，已成爲一「非理想性的理想」。如果此非理想性的理想，主宰了世界，即人類一切其他理想將完全毀滅。我們受共黨毒害最深，對共黨認識最透徹，故對反共最具毅力和信心。

共產「天國」，是一絕對空虛無內容，而能吸收人內心的光明之大混沌；惟有最具體內容，而表現大光明之人類理想，才可取代。人性不可能永遠被蒙蔽，共黨否定倫理，我們則肯定家庭生活的內在的本身價值，使人的家庭生活不受政治干擾。共黨否定個性，否定民主自由，我們則了解宇宙之大法，是有同一，亦有差異，有普遍，亦有特殊，而肯定個性，肯定社會政治上的個人生活方式之自由，與政權的民主。共黨以個人人格為集體的社會組織之手段，我們則以人格的完成本身為目的。共黨以經濟平等，人人能各取所需，以無盡的物質享受，為社會的最後目標。我們則以人人由經濟漸趨平等，達人格尊嚴的互相承認。盈虛消長，優劣之勢，已經在共產黨員不斷投奔自由的事實中日見真切。我們只要照着所肯定的努力做去，就可以開拓出人類創世紀的大事業。

第三節　辨義利以肯定自我價值

中國自古以來，重視人文精神，尊重人的生命。孟子進而以性善釋仁，生命的本身有價值，是由於人的本身是善良的，人異於物質，異於禽獸，是一個活生生而有自主權的生命。人不單是在對人類社會有貢獻上顯出其價值，而且要成就自己，使自己生命成為一完美的生命。基於這個目的，所以要尊重每一個個人，尊重人性，從而肯定人的家庭、人的社會、人的歷史、人的文化。

由於人能尅制獸性，因此也能擺脫物欲，這樣人性打開了向上之路，心境上一體之仁，就把一個和諧安樂的社會開創出來了。

人生在追求生命完美的過程，同時也在追求人生的快樂。而這快樂不是在物質上的無饜嚮往，而是由義而生的心靈上的妙趣。

「君子有三樂，而王天下，不與存焉。父母俱存，兄弟無故，一樂也；仰不愧於天，俯不怍於人，二樂也；得天下英才而教之，三樂也。」（註三六）這種樂，也就是「萬物皆備於我。反身而誠，樂莫大焉。」（註三七）

所謂快樂、幸福，往往不在享樂本身，而在於所花的心血，所得來的成果。母親十月懷胎，接着千辛萬苦的養育孩子，其中苦愈多，情也愈深。這也可說是一種最具體的憂患意識的說明，證明快樂生於憂患。

「人之有德慧術知者，恆存乎疢疾。獨孤臣孽子，其操心也危，其慮患也深，故達。」（註三八）

「……無敵國外患者，國恆亡。……生於憂患，而死於安樂也。」（註三九）憂患能促使人向上奮發，可以使國家自強。安樂則足以亡國喪身，這是個必然的道理。孟子一再強調，是在使我們明瞭人生的眞正意義和責任，以冲淡享樂主義的無厭追求，從物欲的沉淪中醒轉過來。

「鷄鳴而起，孶孶爲善者，舜之徒也；鷄鳴而起，孶孶爲利者，蹠之徒也。欲知舜與蹠之分，無他，利與善之間也。」（註四〇）孶孶爲善，是在於造福人羣，從立己而去立人，修己而後安人。在立、修的過程，不能沒有利己，惟因動機、目的在爲善，絕不會損及他人。當進到立人、安人的階段，達到了行仁大義，也就是完成了自己。孶孶爲利，全爲個人打算，奮發努力，雖和前者一樣，而動機、目的迥異，利之所在，根本不會去考慮義與不義的問題，損人利己，毫不在意；或者最後落得損人害己，這樣的人，無世無之，數量的多寡，與社會否泰，國家盛衰，構成必然的因果關係。

人在社會上，必須本着：

「人皆有所不忍，達之於其所忍，仁也；人皆有所不爲，達之於其所爲，義也。」（註四一）有所忍，有所不爲是動機；達之於所忍所爲，是行爲、功效。顯然的，動機比功效重要，因爲動機是因，功效是果，有因才有果，故端正動機是德行上的根本工夫。

漢董仲舒曾說：「義者，心之養也；利者，體之養也；體莫貴於心，故養莫重於義。」（註四二）又說：

「仁者，正其誼不謀其利，明其道不計其功。春秋之義，貴信而賤詐，詐人而勝之，雖有功，君子弗爲也。」（註四三）這可說是孟子義利之辨的最好解釋。宋元有些學者對董說有所挑剔，筆者深不以爲然。

荀子也曾強調過義的重要性，他說：「水火有氣而無生，草木有生而無知，禽獸有知而無義，人有氣有生有知，亦且有義，故為天下貴也。力不若牛，走不若馬，而牛馬為用，何也？曰：人能羣，彼不能羣也。人何以能羣？曰分，分何以能行，曰義。故義以分則和，和則一，一則多力，多力則強，強則勝物。」（註四四）

「義」是孟子經常提出來說的，當然用意很深，歸納起來，有以下四個要點：

㈠善與惡，是義與利之分，動機出於義則是善，動機出於利則是惡。

㈡義是無所為而為，利是有所為而為。

㈢義重公益，不循私見；利為個人，罔顧公理。

㈣義是公正、正直、纖介無私，是非必明。

社會道德的形成，必賴於義。義能透過理性的自覺，發揮功能。故道德不須外力的強制，而是經由社會化的過程，把它的規條內化為生活習慣，成為穩定社會的主要力量。人類物質文明愈發達，生活水準愈高，如果沒有大家一致共許的道德準繩，自動去遵守，就失去了維護社會秩序的一個重要支柱。

人類追求享樂，本無可厚非，但必須物質與精神相對提升，只盲目的偏重於物質享受，就會導致非常不良的後果。

「五色令人目盲，五音令人耳聾，五味令人口爽，馳騁畋獵，令人心發狂。」（註四五）物質的過度享受，反而會使人的心智麻痺，人被物化，變成了死的物質，而非活的生命。

今天人類的危機，就在物欲橫流，人心勢利，道德低落，大家全從物質條件上來競賽、爭持，而把人類屬於本身自己的那一面忽略了。

蘇聯流亡作家索忍尼辛，於一九七五年六月在美國華盛頓勞工聯盟餐會演說。一開始，就直截了當的指出：西方世界有一件幾乎令人不可思議，也令人無法理解，那就是西方的爭財圖利，貪婪的程度已超出了所有的理智、所有的極限、所有的良知。（註四六）

貪婪是人類的一個老問題，像古羅馬的貴族，和近代的地主等之貪慾是世上無比的，但那畢竟是少數。現代工業國家，在大規模企業組織的推動下，和國家經濟政策的全面鼓勵下，所產生的瘋狂性的貪婪程度，史無前例，這種瘋狂的盲目追求，已將現代人類引進一個新的生存危機：地球上的資源將逐漸枯竭，生存環境被破壞，人類三分之一的兒童和成人，會因營養不良，長期飢餓，而加速死亡。

當代英籍史學權威湯恩比，尤其剖析深入，他所指出的人類危機內涵是：（註四七）

目前全人類無限制的經濟發展和致富的目標，是不道德的，因爲這無異是在禮讚貪婪。根據這種人生哲學，則地位的象徵，成敗的試金石，全在於我們據爲己有的經濟產物之多寡。如果這種自私自利的天性（就是動物性）不予限制的話，將會爲自己帶來致命的苦難，首先會危及與此自私者競爭的其他生物，然後早晚也將危及這個自私者本身。我們若是拒不約束自己，則遭到我們侵犯的自然界，將會反擊，消滅我們。所以無限制的擴張經濟，最後所得的懲罰，將是毀滅。

爲什麼無限制的經濟擴張，會導致毀滅？因爲要滿足這種慾望的資源，到底是很有限的。畢竟地球生物生命所繫的這個「生物層面」，只不過是薄薄的一層土壤、空氣和水而已，這也就是全球生命的整個財產。當然比起地球上其他智能較差的生物，人類的智慧，確有可能更充分的開發此「生物層面」，但是，人類經由有系統利用科學技術所獲得的這種巨大的力量，也會使人去侵犯並破壞自然，以至於到頭來，我們的力量反而成了自己的致命傷。過去兩個世紀以來，由於社會日趨機械化，在我們竭澤而漁，濫用取之有盡的天然資源的過程中，已汚染了「生物層面」，岌岌可危，竟有不宜人居之虞。

如何克制危機呢？湯氏堅信在以往的歷史中，可以獲得智慧的救援。他說，遠在產業革命之前，人類最偉大的幾位精神領袖，如佛陀、耶穌和聖方濟等，早已發覺並指出，濫用人類的力量來滿足人性的貪婪，是不道德的，也是自尋絕滅的行爲。現代人類爲了滿足無限的經濟大慾，強奪豪取，這一類的競爭，已爲我們帶來兩次世界大戰，假如我們再不遵循精神領袖的指示，改變我們的目標，後果還會更加嚴重。與大自然的和諧相處（這正是我們中國哲學——仁者與天地萬物爲一體的天人合一思想），是生物求生存的必要條件。物慾的無限擴展，會引導人類走向滅亡之路。只有向心靈世界無止境的追求，始可以獲致永恒的福祉。

美國查理瑞克教授，在他所著的「美國的新生」中也觸目驚心的說：「美國正散佈着死亡，不但對其他國家的人民如此，對它本國的人民也是一樣。……我們一直認為自己是一個非常富有的國家，但是現在我們終於開始認清自己也是一個極度匱乏的國家——縱觀人類歷史，凡人所當作寶貝來珍愛的事物，我們都付之闕如。」（註四八）所謂極度匱乏，無疑是指的道德精神。科技高度發展，物質文明所點綴成的社會，祇見其外殼五彩繽紛，而裏層則是冷冰冰的。人際之間，只是利害式和公務式的關係，疏離感增強了內心的焦慮和不安，這種物質文明的代價，實在太大而太可怕了。

很明顯的，今日的人類問題，是在自我的失落。佛洛姆在「認同危機」（註四九）一書中說：「『我』的意義卽是，我的一切實有的和潛在的活動之積極主動的、有組織力的結構中心。在工業社會裏，人業已被變造成了『物』，自我的經驗，也不外是把自己當『物』來體驗。所以現代人只重視『有』的範疇，他有汽車、房屋、權位、聲譽，他可以『有』一切，卻甚麼也不『是』。希望、信義、勇敢、愛、溫柔、同情、興趣、責任與認同，這些人性經驗，才都屬於『是』的範疇，也都是無法被具體佔有的，凡是不能當物一般佔有的，都視同無物——沒有價值。到這時候，人已不再是活生生的存在了。物能被佔有，也容易被剝奪，因為它不能完全操之在我，這是以『物』為我有者，所以特別感到煩躁、不安、脆弱又容易受傷的主要原因。他認為現代人的問題，不在追求『有』，而是在追求有的同時，蔑視、不顧、或否定了屬於『是』的範疇。這正如孟子所說：『苟為先利而後義，不奪不饜。』」（註五〇）西方的社會病，是人已陷入無止境的慾望中，無法自拔。

半個世紀以前，中國貧弱，物質文明尤遠不如人。積極謀求科學發展，與物質建設，誠然必要。但是 國父當年在講解民族主義時，曾諄諄提示國人，要恢復民族地位，務必恢復固有道德。因爲固有道德是我們做人的根本，如果根本一失，就百事不可爲了。 國父復將孔孟的道德思想，歸納爲：忠、孝、仁、愛、信、義、和、平、一一賦予新的解釋，以適應時代潮流，殷切期望國人一致力行。可是國人在這方面未能深入體認，對做人的道理未加重視。戴季陶先生曾沉痛的說：

「……中山先生說：『國者，人之積也，而人者，心之器也』，既不曾看見人，自然失了心，連人心尚且失卻，還從何處建國，何處救國？」（註五一）「今天中國的亂源，靜的方面，是在物質文明的不興，動的方面是在道德的墮落。道德問題的重要點，這幾年來，簡直沒有人講究了。要曉得這是作人的根本，先把自己作成一個好人，然後才可以說到爲社會、爲國家、爲世界作革命的事業。如果一肚皮藏着私心，而個人的欲望，由着感情的衝動，胡行亂爲，自己的本身是一天比一天衰弱，一天比一天腐敗，社會的病態，只有隨着加重起來，那裏建設得什麼事業！」（註五二）語重心長，眞是暮鼓晨鐘。中國要復興，要圖強，必須站在中國傳統的道德文化的基礎上來進行，是絕對正確的。

幾十年來，我們究竟做到了多少？

慧。

現在，我們的社會情形又是如何呢？誰也不會否認，我們自從來到臺灣，勵精圖治，已學到了很多外來文化的優點，科技方面，急起直追，進展快速，知識水準大爲提高，各項經濟建設，有着輝煌成就，由鄉村到城市，構成了一個富庶繁榮的社會，在在顯示出中國人的智慧。

但是，不可諱言的，現代西方社會所患的病象，我們已感染到了。因爲心理上缺乏道德習性的防護作用，對西方功利主義、個人主義、自由主義的渣滓，幾照單全收。工業化所帶來的物質生活改善，並未使精神生活更爲充實；個人所得提高，並不意味生活實質的提高，一般說來，是今日的社會價值觀變了。金錢的勢力超過一切，個人社會地位的高低，全以錢財的多寡來判定；爲人正大，操守清白，在世俗人眼中，是迂腐的、好笑的。

只見人人熙熙攘攘，爲利來，爲利去，進學校，就職業，都是爲了個人獲得，以滿足其物質欲望。家庭、學校、社會都鼓勵人追求成功，好像成功是人生唯一的價值。誰不知道成功是要靠很多客觀條件的配合，縱然盡到了主觀的所能，未必能達成所願；眞正成功的，畢竟是少數。可是大多數的人卻被「成功」的巨靈所控制，所役使，在「只許成功，不許失敗」的流行口號之下，形成惡性競爭，爲達目的，不擇手段。如果我們的社會只顧盲目的鼓勵追求成功，而忽略手段是否正當合理，這種成功對大家羣體究竟是禍？是福？是不難想像得到的。

當然，今天很多在事業上有成就的人，他們勤勞耐苦，和堅忍不拔的精神，及對社會的貢獻，是值得頌揚的。但也有不少「成功」者，在其追求的過程，曾經運用機智，巧奪豪取，將成功建築在他人的血汗、痛苦、失敗之上。有了金錢，隨心所欲，能呼風，能喚雨，戴着僞善的面具，竟能受到大眾的稱羨。一個黑社會的人物，搖身一變，成爲社會賢達，走上權貴之路。不循正道起家的暴發戶，一樣的競選民意代表。經濟犯罪的，知法犯法，鑽法律漏洞的，五花八門，詐騙之離奇巧妙，登峯造極，可謂前無古人。都是以「只許成功，不許失敗」鼓勵大家去從事無情競爭的負面作用，這難道不是敗壞社會道德的一個重要原因嗎？

孟子引陽虎之話說：「爲富不仁矣，爲仁不富矣。」（註五三）如果財富爲人生惟一目的，以金錢爲唯一標準來衡量成功，無論對個人對社會，都將造成嚴重傷害。

基本的物質生活，無疑的非常重要；而我們現在已遠超過其基本需要，資本主義社會的消費形態——奢侈、浪費，也在我們的社會滋長中。當知經濟條件到了可以滿足的時候，就應滿足，不宜再無限地向前奢求。所有物質，只是供「人」追求更高的理想目標而存在；一切經濟生產，只是爲我們奔向完美的人格領域所役，是被動的爲奴，而不能反過來居於主位去役使人。人主物奴，如倒過來變爲物主人奴，物之理勝過人之情，有人擔心有朝一日，世界會是機器人的天下，可不是杞人憂天呀！

二千多年前，孟子所提倡的義利之辨，人獸之別，仍然是拯救人類危機的根本藥方。他本於人性之善，反復例舉，說明人生所當看重的，不是富貴，不是名利，更不是在於耳目口鼻之欲的滿足。應該重視的是義，是仁，概括言之就是「道」，行道有得，卽爲人生莫大的快樂。孔子曾說：「君子謀道，不謀食；憂道，不憂貧，」(註五四)「士志於道而恥惡衣惡食者，未足與議也。」(註五五)「朝聞道，夕死可矣！」(註五六)如何去達成呢？孟子提出了一個具體原則：

「天下有道，以道殉身；天下無道，以身殉道。」(註五七)得道，不必求人，自樂莫如修天爵。

「有天爵者，有人爵者。仁義忠信，樂善不倦，此天爵也。公卿大夫此人爵也。古之人，修其天爵，而人爵從之。今之人，修其天爵，以要人爵，旣得人爵而棄其天爵，則惑之甚者也，終亦必亡而已矣。」(註五八)孳孳爲善，卽是修天爵，也就是 國父所說的：人生以服務爲目的，在做大事，不在做大官。大官是人爵，不過是爲達成服務目的之手段，並不足貴。孳孳爲利，假修天爵，冀得人爵；所以在旣得人爵之後，濫權行私，便放棄天爵，結果連人爵也沒有了，甚至身敗名裂，爲人人所唾棄。以手段爲目的，欺世盜名，違背天理，當然不會有好下場。

孟子又說：「『欲貴者，人之同心也。人人有貴於己者，弗思耳。人之所貴者，非良貴也；趙孟之所貴，趙孟能賤之。詩云：『旣醉以酒，旣飽以德。』言飽乎仁義也；所以不願人之膏粱之味也。令聞廣譽施於身，所以不願人之文繡也。」(註五九)眞正感到仁義的快樂，如同醇酒佳肴之在我口，又何在乎外在的名利呢？而且這種眞正快樂，並不難求，爲什麼呢？因爲：

「求則得之，舍則失之，是求有益於得也；求在我者也。求之有道，得之有命，是求無益於

得也；求在外者也。」(註六〇)

修天爵的積極意義，是在造福人羣，並不是消極的脫離社會，不求進取；千萬不能作爲放棄對社會責任的藉口，所以王陽明教人要盡量的善用人爵，他說：

「夫權（人爵）者，天下之大利大害也。小人竊之以成其惡，君子用之以濟其善。故君子之致權也有道，本之至誠，以立其德；植之善類，以多其輔；示之以無不容之量，以安其情；擴之以無所競之心，以平其氣；昭之以不可奪之節，以端其向；神之以不可測之機，以懾其奸；形之以必可賴之智，以收其望。坦然爲之，下以上之；退然爲之，後以先之。是以功蓋天下而莫之嫉，善利萬物而莫與爭。」(註六一)是則藉人爵而利社會大眾，仍須當仁不讓，努力以求。

實際上，捨了義，還有何利之可言。目前的小利，或成將來的大害；暫時的有利，或使以後永遠的不利。俗話說：「人算不如天算」，一切皆從「利」字上動腦筋，再精密也終不能無失。惟有心居仁的安宅，行在義的正路(註六二)，才能萬無一失。

「魚，我所欲也；熊掌，亦吾所欲也；二者不可得兼，舍魚而取熊掌者也。生，亦我所欲也；義，亦我所欲也；二者不可得兼，舍生而取義者也。生亦我所欲，所欲有甚於生者，故不爲苟得也；死亦我所惡，所惡有甚於死者，故患有所不辟也。如使人之所欲有甚於生，則凡可以得生者，何不用也？使人之所惡莫甚於死者，則凡可以避患者，何不爲也？由是則生而有不用也，由是則可以辟患而有不爲也。是故所欲有甚於生者，所惡有甚於死者，非獨賢者有是心也，人皆有之，賢者能勿喪耳。」（註六三）人之所欲有勝過生命者，是在保全人格無虧；不然的話，無恥下流，則與禽獸何異？人所惡有勝過於死者，是惡爲禽獸。人莫不貪生惡死，一旦義不當生，則死不足懼。這些並非高調，「臧獲婢妾，猶能引決。」（註六四）古往今來，多少烈士、節女無所顧惜的放棄其有限的生命，完成自我，這就是眞正的「人」。

「世界是一個舞臺，所有男男女女不過是演員，他們上臺又下臺，進進出出。一個人在一生中，要扮演多個角色。」（註六五）社會人生宛若一個舞臺，每個人隨時都在扮演着不同的角色，在父母面前是好子女，在子女面前是好父母。教學生是好老師，在機關是好職員，好兄、好弟、好朋友……。今日的社會心理學，就很重視這種角色理論。因爲戲劇情境中的角色扮演，與實際社會生活中的角色實踐，有很多相似之處。戲劇中任何角色的演出，必然依循一套行爲模式。在實際生活中，個人亦依照社會文化規範，對角色的制訂、及其個人對角色期待的體認，而表演其角色。整個社會文化過程，就是角色學習的過程，父母、師長的教誨，親朋的策勉，正像導演的工作般，爲學習者解釋其角色行爲，指導年青人不斷地演練，使他們的角色演出，更能符合社會期待。同時，周遭的人就是觀眾，他們的反應就是演員行爲一種反饋，俾其隨時修正不適當的舉止，增強正確的角色行爲。

俗話說「人生如戲」，不應儘從遊戲人間的消極方面去着眼；應正視其積極而嚴肅的意義，每個人如覺認自己是演員，就必須將戲演好，演得恰如其分，使觀眾對你有深刻的印象。一個人在社會生活中，不一定演主角，在很多場合，常常要跑龍套，當配角，只要能把自己擔任的角色演好，不必搶露鋒芒。人生有時不免要演悲劇，在逆境中，如有角色的體認，則可化悲憤爲力量，使人生這齣戲能演得更成功。最須注意的，是人生舞臺，一定不可以、也不允許演壞人，無論演得像樣與否，不僅遭到現在觀眾的謾罵，後世的觀眾在歷史上見到你，也會爲之不齒。如秦檜陷害忠良，在當時的人生舞臺上，他自我扮演着大奸大慝，成就了千秋罵名。後世有一位與秦檜同宗的秦大士，去岳武穆陵寢憑弔，見到旁邊鑄一鐵人，就是秦檜，專供憑弔者擊打洩憤，廟中懸有一聯：「青山有幸埋忠骨，白鐵無辜鑄佞臣。」他看了不禁很感嘆的說：「人從宋後羞名檜，我到墓前愧姓秦」。多麼發人深省。做壞人，上辱祖宗，下羞後代，爲什麼就有人去扮演，一言以蔽之，爲利忘義也。試看電視劇中擔任壞人角色的演員，明知是做戲，而其子女在學校亦感不是味道，在公共場合常會被人指點。人對爲非作歹之徒一向痛恨，螢光幕上尙且如此，何況是假戲眞作。莎士比亞的角色人生觀，不啻是孟子「踐形」說的注腳。

「形色，天性也；唯聖人然後可以踐形。」（註六六）人的外表——形與色，和內在的人之性，都是天賦有的。人際關係中的個人，無論是擔當什麼樣的角色，總要恰到好處，誠心誠意，實實在在，盡到應盡之責，不違人的善性，就是踐形，聖人盡得人之道，故能爲人之準則。假使有人之形，而不能盡爲人之理，則去禽獸不遠了。

我們應瞭解，「由仁義行，非行仁義也。」（註六七）道德不是從外面來將我們束縛的，它是從我們內心活泉之善所湧出來的。自暴自棄，不重道德，是最悲哀的。

第四節　立儀則以指導行為趨向

道德的實質是仁義，道德的形式則是禮，文明有秩序的社會必賴乎禮。人際相處的一切儀則、規範，皆以禮立，所以孟子說：「非仁無爲也，非禮無行也，如有一朝之患，則君子不患矣。」（註六八）

「無禮義，則上下亂。」（註六九）

「君子以仁存心，以禮存心。」（註七〇）使人內心有禮的涵養，外表行爲才知所節制拘束，相率遷化爲善，久之卽能「習矣而不察焉，終身由之而不知其道者。」（註七一）在任何時間、空間，人的食、衣、住、行，應對、進退，皆有規則，婚、喪、喜、慶，皆有儀式，不能隨便。久之，就不難「動容周旋中禮者，盛德之至也。」（註七二）

且不可假借任何名義，做出越禮的舉動，食、色是我們的基本需求，豈能因重要，就不講禮呢？「紾兄之臂而奪之食，則得食；不紾，則不得食；則將紾之乎？踰東家牆而摟其處子，則得妻；不摟，則不得妻，則將摟之乎？」（註七三）這是人獸之分的關鍵，比喻眞是絕妙極了。

禮，不是裝門面，或用來沽名釣譽的。孟子以陳仲子爲例說：

「仲子，不義與之齊國而弗變，人皆信之。是舍簞食豆羹之義也，人莫大焉亡親戚君臣上下。以其小者信其大者，奚可哉？」（註七四）

先總統　蔣公曾說：「所謂禮儀、禮節、禮法，實行時，必須有誠實的心思，準確的儀式，和絲毫不能苟且的節度。」

今天，我們社會所最宜改進者，就是「禮」。以婚禮言：花樣之多、之奇，難以枚舉，成家是人生大事，何等莊嚴、神聖，而竟近於兒戲。以非禮之禮來譁眾取悅，居心大可非議；報紙不但不予指正，反而大加渲染。「於不可已而已者，無所不已。於其所厚者薄，無所不薄也。」（註七五）良好的社會禮俗，將如何建立呢？住室比前大為進步，但年老父母很少能住其主室，更遑論祖先牌位。孝弟重實質的誠心，仍得有表達的形式。愼終追遠，從那裏做起呢？「堯舜之仁，不徧愛人，急親賢也。」（註七六）沒有一整套具體辦法，責成國人一致遵行，是無法蔚成風氣的。

很多人隨便成性，就是不守禮。任意製造髒亂，隨地吐痰，搶道爭先，插隊佔座，損壞公物，隨處可見。試看每年大專聯考，凡是陪考者休息過的地方，幾成了垃圾場，眞是「慘」不忍覩。中國人是要面子的（尚知羞恥），如果事先在那些地方，樹立一些醒目的警告牌，以很禮貌的措詞，請其自尊人格，甚至請部分在校同學相機勸止，相信以後就不會有類似情形了。祇要肯負責，沒有做不好的。

倫理社會重情誼，餽贈禮物是免不了的，惟須本於誠意，合於禮儀。餽贈的價值，不在禮品，而在將珍貴的情意托之於禮。孟子在齊，齊王以百金相餽而不受，而後竟接受宋國的七十鎰，及薛國的五十鎰。（註七七）陳臻不懂什麼緣故而發問。孟子告訴他都是有道理的。

「其交也以道，其接也以禮，斯孔子受之矣！」（註七八）

「書曰：享多儀，儀不及物曰不享，惟不役志於享。」（註七九）

應當接受而辭，就失於矯情；應當辭絕而受，則有傷清白。辭、受之間，足以看出一個人的人格。總之，取不傷自己清白，大可光明正大的取；應該給予的，就不要吝嗇，但不能傷及對方自尊。俗語說「人要好，水也甜」，合於禮儀的餽贈，不是更能增進情誼嗎？

索忍尼辛應邀在日本講演，受美金十萬，不以爲貴。來我們臺灣受到熱烈歡迎，致贈美金伍仟，他卻非常高興。爲什麼呢？前者是交易，後者是贈禮，正如俗話所說「千里送鵝毛，禮輕情意重」。很遺憾的是今日社會的餽贈，很多是變相的賄賂，送與受都貶低了自己的人格，這也是敗壞社會風氣原因之一。

「上無道揆也，下無法守也，朝不信道，工不信度；君子犯義，小人犯刑，國之所存者幸也……上無禮，下無學，賊民興，喪無日矣！」（註八〇）我國自古善政，無不珍視這個道理，着力於移風易俗。諸如表彰忠、孝、節、義，盛大隆重，光寵備至，深爲社會所推崇，人人以禮義相尚，無形中肯定了社會價值。

今天，我們最高的領導階層，對淨化社會，提倡道德，非常認眞，各種社教活動，不時舉辦，鼓勵向善，振作人心，當然有所成效。但總覺不够踏實，工作者的熱心負責，多着眼在完成一件工作，形式上有聲有色，活動結束後，是否能化格羣儕，蔚成良好風氣呢？

如何依乎倫理精神，結合現代民主潮流，研製一套完備的禮儀規範，使國人在日用常行中，知所遵循。違反禮法，就是壞敗道德，決不許任其自由。表揚好人好事，應該是連續性的，旨在鼓勵善良，要能獲得社會大衆認同，使淸白之士，確能受到尊敬，有其社會地位。一切措施，最須要愼重考慮的是，凡足以引使國民產生投機，僥倖心理的，決不能專從「利」字上打算。投機則無恥，人而無恥，還有什麼不能做的。所以孟子說：

「恥之於人大矣！爲機變之巧者，無所用恥焉。」（註八一）

又說：

「人不可以無恥，無恥之恥，無恥矣！」（註八二）

蔣總統經國先生經常提示國人：「爭一時，也要爭千秋。」這是一個哲學境界中的話，指導現實的抉擇，是異常重要的。千萬不能爲當前一點利益，而貽後世無窮之害，縱說是權宜之計，也得適可而止。

建立社會道德，具有莫大功能的，是傳播事業。這種事業到底截然不同於一般的「將本求利」，務須把教育目的放在經濟目的之前，否則，奇姿異態，觀衆們耳濡目染，反而會損害心理健康。所幸我們的傳播界眞能日新又新，配合政府政策，加緊在道德敎育上下工夫，令人感到興奮。希望今後的電視劇，多從那些穩定社會足以信任，德行足資爲法的君子人物中去取材，眞人實事，更具感性。報紙亦不斷能從各個階層中去發掘，連續的追踪報導，（避免說敎式的），讓大家一致認同這些人才是有社會地位的，值得尊敬的。至於那些「立卽伐功」的事蹟，近於傳奇，新鮮動人，卻會使人學走捷徑，不由正道，恰與宣傳目的成負面作用。對少數不自重的藝人，以色相相眩，故意賣弄，傷風敗俗，我們何必要替他「打知名度」呢？想一想那些終生從事學術研究的學者、文人，奉公守法的公務員，勤勞敎學的老師……，都是值得推重的。尤其是在各種事業上遭到失敗的人，財富沒有了，援助沒有了，一切機會失去了，而他仍能堅持做人的原則，嶙峋屹立，不更能感動人嗎？

人生，是一種義務，是一種道德責任。個人的道德修養重於一切，對個人德性磨鍊，有兩個具有決定性的場所，一是家庭，一是學校。所謂「子不敎，父之過；敎不嚴，師之惰。」個人的榮辱，涉及父兄、師長，今後，我們似宜對這兩方面，嚴正的課以應盡之責。

第六章　註釋

註一　禮記：鄉飲酒意。

註二　韓愈：原道。

註三　同註二。

註四　論語：衞靈公第十五㉖。

註五　宋元學案：卷之十七。

註六　同註五。

註七　孟子：盡心章句上㈠。

註八　孟子：告子章句上㈤。

註九　孟子：盡心章句上㈦。

註一〇　韓非子說難篇：昔者鄭武公欲伐胡，故先以其女妻胡君以娛其意。因問於羣臣：「吾欲用兵，誰可伐者？」大夫關其思對曰：「胡可伐。」武公怒而戮之，曰：「胡，兄弟之國也，子言伐之，何也？」胡君聞之，以鄭為親己，胡不備鄭，鄭人襲胡，取之。

註一一　史記：張儀列傳。

註一二　史記：孫子吳起列傳。

註一三　同註一二。

註一四　孟子：告子章句下㈨。

註一五　孟子：告子章句下㈡。

註一六　韓愈：爭臣論。

註一七　孟子：盡心章句上㊱。

註一八　孟子：盡心章句上㊺。

註一九　孟子滕文公章句下⑨。

註二〇　莊子：天下篇。

註二一　淮南子：要略。

註二二　論語：微子篇五、六——楚狂接輿，歌而過孔子，曰：「鳳兮！鳳兮！何德之衰？往者不可諫，來者猶可追。已而！已而！今之從政者殆而！」孔子下，欲與之言。趨而辟之，不得與之言。

長沮桀溺耦而耕。孔子過之，使子路問津焉。長沮曰：「夫執輿者誰？」子路曰：「爲孔丘。」曰：「是魯孔丘與」曰：「是也。」曰：「是知津矣！」

問於桀溺，桀溺曰：「子爲誰？」曰：「爲仲由。」曰：「是魯孔丘之徒與？」對曰：「然。」曰：「滔滔者，天下皆是也，而誰以易之？且而與其從辟人之士也，豈若從辟世之士哉？」耰而不輟。

註二三　同註二二。

子路行以告，夫子憮然曰：「鳥獸不可與同羣！吾非斯人之徒與而誰與？天下有道，丘不與易也。」

註二四　呂氏春秋：不二篇。

註二五　淮南子：氾論訓。

註二六　列子：楊朱篇第十六。

註二七　列子：楊朱篇第十三。

註二八 同註二七。

註二九 同註二一。

註三〇 列子：楊朱篇第十一。

註三一 孟子：盡心章句上㉖。

註三二 孟子：滕文公章句下⑨。

註三三 史記：蘇秦列傳。

註三四 韓非子：五蠹篇。

註三五 孟子：離婁章句下㉝。

註三六 孟子：盡心章句上⑳。

註三七 孟子：盡心章句上④。

註三八 孟子：盡心章句上⑥。

註三九 孟子：告子章句下⑮。

註四〇 孟子：盡心章句上㉕。

註四一 孟子：盡心章句下③。

註四二 董仲舒：春秋繁露。

註四三 董仲舒：賢良對策。

註四四 荀子：王制篇。

註四五 老子：第十二章。
註四六 中央日報副刊（民國六十四年七月廿四日刊載）。
註四七 中央日報國際版：經濟擴張的惡果（民國六十一年十月廿一日）。
註四八 美國的新生，蘇起，胡立台譯。
註四九 人類的新希望。孟祥森譯。
註五〇 孟子：梁惠下章句上㊀。
註五一 孫文主義之哲學基礎。戴季陶。
註五二 同註五二。
註五三 孟子：滕文公章句上㊂。
註五四 論語述而第七㊂。
註五五 論語里仁第四㊈。
註五六 論語里仁第四㊇。
註五七 孟子：盡心章句上㊃。
註五八 孟子：告子章句上㊅。
註五九 孟子：告子章句上㊆。
註六〇 孟子：盡心章句上㊂。
註六一 王陽明：五種遺規、從政遺規上——答鄒謙書。

註六二　孟子：離婁章句上⑩——仁，人之安宅也；義，人之正路也。

註六三　孟子：告子章句上⑩。

註六四　司馬遷：報任安書。

註六五　莎士比亞：皆大歡喜 As you like it（參考郭爲藩講詞——倫理與心理的關係，教育部印六十七年四月）。

註六六　孟子：盡心章句上㉘。

註六七　孟子：離婁章句下⑨。

註六八　孟子：離婁章句下㉖。

註六九　孟子：盡心章句下③。

註七〇　孟子：離婁章句下⑥。

註七一　孟子：盡心章句上⑤。

註七二　孟子：盡心章句下㉚。

註七三　孟子：告子章句下①。

註七四　孟子：盡心章句上㉔。

註七五　孟子：盡心章句上④。

註七六　孟子：盡心章句上㊻。

註七七　孟子：公孫丑章句下③。

註七八　孟子：萬章章句下㈣。

註七九　孟子：告子章句下㈤。

註八〇　孟子：離婁章句上㈠。

註八一　孟子：盡心章句上㈦。

註八二　孟子：盡心章句上㈥。

第七章　孟子的教育思想是健全個人的根本

第一節　教育的宗旨

「人之有道也，飽食煖衣，逸居而無教，則近於禽獸。聖人憂之，使契爲司徒，教以人倫：父子有親，君臣有義，夫婦有別，長幼有序，朋友有信」。（註一）

「夏曰校，殷曰序，周曰庠，學則三代共之，皆所以明人倫也。」（註二）很明顯的說明了一切教育的宗旨，在完成人。人自有其理想、價值、和目的，應該成爲一個什麼樣的人。所有各種學問，都是爲了追求此理想，而達到此目的之手段與工具。人是主體中心，由主體中心的需求，而展演開放出各種學術，學術領域的知識，當然爲人羣社會所重視，但較之理想人格的鑄成，則屬次一層次。

所謂人格，就是能爲他人所尊敬、崇慕的高貴品質，這必須要在後天之中逐漸去培養陶冶。好比一件藝術品的素材，要經過幾番精雕細琢，才顯得神奇靈巧，使人欣賞讚美，予以珍惜。故教育所貴者，是要從學術的後面來認識人，來完成自我。

孟子曾說，乃吾所願，則學孔子。因爲孔子博學而無所成名，心目中只想學做人，後世亦只尊之爲聖人。孟子又說過，禹稷顏回同道，易地而處，情形都會一樣，因爲他們都是以做人爲先決條件，有完美無虧的品格，才談得上處世、成學。當時如果顏回處在禹稷的地位，形勢所趨，亦必也有一番表現。反過來說，禹稷若易處於顏回的地位，也一定會簞食、瓢飲，樂道以終。

人知道了如何去做一個人格完整的人，始能藉學術上的鑽研，成就各別的專才大家，開物成務，而表現出出色的功能，造福社會人羣。如果教育昧卻了這一大前提，只教他成就某種角色，這無異是把人當成物，使他陷於個人功利觀點下，只計個人成敗，罔顧大羣禍福，把社會大眾，當作他完成功利的一個對象或工具。人人競相陷溺於物質的現實局面中，愈沈愈深；人生境界再墮退到自然人生的領域，不能躍起。教育功利化，學術唯物比，其所帶來的後遺症是難以想像的。

近代教育，正日趨向於以學爲主，而人爲從，各種學術，越分越細，各有其客觀存在，卽外於人而存在。人的努力，幾完全成爲發現某一學術蘊奧的工具。爲了學，失卻了人。各人只附屬於各自所研究的學術，學問愈大，而人愈小，人的意義、價值、地位，幾至爲其所學而淹沒、吞噬。

試觀「先進」國家的教育，在整個人生領域中，太看重了智識；在整個智識領域，又太看重了對於自然科學方面的智識；在自然科學中，更太看重繁細分類的各種專精智識，此一趨向，已漸漸的流弊叢生。美國哲學家杜威曾很沉痛的說，教育如僅是職業的訓練，是訓練動物和奴隸，使他們成爲機器的齒輪而已。(註三)所以一個國家的教育，不論是一般的專業性質的，如不能培養學者調和、均衡的人格，以及適當地運用其智慧，就不能算是達到教育的目的。

我們三十多年來，在教育發展方面，確有其突破性的建樹，成就輝煌。但在努力追求高度科技教育的過程中，不免也把西方教育趨向的弊端，引了進來，學校教育過早分化，在強調專業性、與升學主義的影響下，一般學生的心靈過於窄化，無法養成完整的人格。所幸中國文化傳統的教育理論，仍被我們所肯定，前教育部長朱滙森先生，曾表示，過去的科學教育，大都在知識的傳授，以「學科」爲中心，較重視課程的設計與組織，今後，應以「人性中心的科學教育」取代「學科中心的科學教育」，建立以「人」爲本的科技發展方針，逐漸向前推進，卽科技應爲人用，非人爲科技所用。(註四)

朱氏並曾提出八點指示，說明以人性爲中心的科學教育內涵，首應確認，學生應被看成一個有感性、理性、美性，活活潑潑的「全人」，非吸收及儲存知識的倉庫，更非專門應付考試的機器人；更重要的，科學教育不僅是事實教學、知識教學，更重要的是價值教學。教師在教學過程中，須提醒學生，科技是工具，「人」才是目的。應記住科技是最好的僕人，最壞的主人，將來步入社會後，才可掌握科技發展的方向，使科技造福人羣，而不是貽害人羣。

最近，全國的教育家都指出高層次的大學教育，太偏重專才教育，使年輕人過於自私自利，功利心太重，彼此互不關懷，造成嚴重的社會危機。一致主張以通才教育爲辦校指針。從而加強人格教育、愛國教育，培養奉獻精神和使命感，使大學教育的目的，在培養有道德、有抱負、有能力的「高品質」的人。教育部已決定在大學院校全面施行通才教育必選修課程，這將成爲我國突破目前「專才教育」種種弊病的關鍵性措施。（註五）

古今時代各有不同，教育的內涵亦異，而教育的宗旨和教化的重點在「人」，則是永遠不變的。孟子的教育思想，仍然是今日教者與學者所正視的歸趨，我們的教育必然能擔負起百年大計，培養出健全的國民，以適應社會的需要。

第二節　教學的方法

「君子之所以教者五：有如時雨化之者，有成德者，有達財者，有答問者，有私淑艾者。此五者，君子之所以教也。」（註六）孟子認爲人的資質稟賦不同，領悟程度亦異，施教的方式也應靈活運用，因勢利導，始能收效。

所謂「如時雨化之者」，是慧識天生，不待師言而自化，感應於無形，略一指點，即入善境。

所謂「成德者」，是器宇穩重，自然剛正，則可就其德性之所長而加以培植。

所謂「達財者」，是就其傾向於某方面的天分、志趣，而造就成專才。

所謂「答問者」，是智能不逮，必須假答問啟導，多舉例證，才能領悟使之成才。

所謂「私淑艾者」，或是不處同一時代，或因住地遠隔，不能對之當面施教，祇是其人完全出於自動私淑，亦能使他獲得教益，正如孟子自己說的：「予未得爲孔子徒也，予私淑諸人也。」（註七）

「教亦多術矣，──予不屑之教誨也者，是亦教誨而已矣。」（註八）是刺激其省悟，亦不失爲方法之一。

孟子在教學上的卓見，是重視法度，確立標準，鼓勵自學有恆，他說：

「離婁之明，公輸子之巧，不以規矩，不能成方員；師曠之聰，不以六律，不能正五音。……聖人既竭目力焉，繼之以規矩準繩，以爲方員平直，不可勝用也；既竭耳力焉，繼之以六律，正五音，不可勝用也。」（註九）

「羿之教人射，必志於彀；學者亦必志於彀。大匠誨人，必以規矩，學者亦必以規矩。」（註一〇）

這都是說教學最宜把握正確的法度，使學者深悟其原理，並懸以最高境界的目標，令其嚮往用力。所謂取法乎上，僅得乎中；若取法乎中，則只能得乎下了。所以教與學的規矩既不能改，進達的標準也不得降低。公孫丑認爲標準高遠，難以達成，曾對孟子說：

「道則高矣！美矣！宜若登天然，似不可及也。何不使彼爲可幾及，而日孶孶也。」（註一一）

孟子立卽予以否定：

「大匠不爲拙工改廢繩墨，羿不爲拙射變其彀率。君子引而不發，躍如也；中道而立，能者從之。」（註一二）

如果因爲子弟笨拙，使用刀斧，不能中規中矩，便將就廢棄繩墨，則物終不能成。學射的弟子手笨力弱，便順着他減少引弓的度數，那麼射程必不及遠，勞而無功。所以孟子又曾說：

「梓匠輪輿，能予人以規矩，不能使人巧。」

爲師者對法度可以言傳，而巧妙全在學者去心悟。正如俗話說「師傅領進門，修行在各人」。教學僅在指示方法，引導門路，其他則全靠學者自身去努力。在這方面，孟子也有提示：

「學問之道無他，求其放心而已矣。」（註一三）

用心不專，東想西想，旁騖太多，就不足言爲學。譬如：

「今夫奕之爲數，小數也。不專心致志，則不得也。奕秋，通國之善奕者也。使奕秋誨二人奕，其一人專心致志，惟奕秋之爲聽；一人雖聽之，一心以爲有鴻鵠將至，思援弓繳而射之。雖與之倶學，弗若之矣。爲是其智弗若與？曰：非然也。」（註一四）

人的智愚，本來差異很少，學業之成敗，實繫乎其專心與否，可謂千古不易之理。

「流水之爲物也，不盈科不行，君子之志於道也，不成章不達。」（註一六）

「原泉混混，不舍晝夜，盈科而後進，放乎四海；有本者如是，是之取爾。苟爲無本，七八月之閒雨集，溝澮皆盈；其涸也，可立而待也。故聲聞過情，君子恥之。」（註一七）爲學進取，不可僥倖取巧，應循序漸進，如水之盈科而再向前，當每一層次都能表裡精粗徹底通悟，其學則如水之有源。不然，必無實學，徒以虛名眩世，自欺欺人，實爲可恥。

「有爲者，辟若掘井：掘井九軔而不及泉，猶爲棄井也。」（註一八）

「雖有天下易生之物也，一日暴之，十日寒之，未有能生者也。」（註一九）

「山徑之蹊間，介然用之而成路；爲間不用，則茅塞之矣。今茅塞子之心矣。」（註二〇）

進德修業，一定要持之以恆。孟子反覆舉譬，一軔未達，猶爲棄井；功虧一簣，仍不成山；山徑常行可成大路，隔些時日無人走動，就長滿了茅草。學者能常常以此爲誡，始望有成。孟子更進一步說：

「君子深造之以道，欲其自得之也。自得之，則居之安。居之安，則資之深；資之深，則取之左右逢其源。故君子欲其自得之也。」（註二一）

「博學而詳說之，將以反說約也。」（註二二）

學者能自動自發去深入研究，默識心通，便入佳境。而後由博而專，便成專家。

在科學發達進入太空時代的今日，教育普及，教材儀器，應有盡有；但是教學方法，仍多可議之處。孟子所提示的，今天還是有很高的價値。試回顧我們近二十年的教育，高中、國中在升學競爭日趨激烈的情況下，學生們讀書，都是採強記方式；老師亦儘其所能的告訴學生如何走捷徑，用塡鴨式方法硬灌。學生們對學術內容，囫圇呑棗，多未深入瞭解，更談不上融會貫通；全是爲了應付考試，把手段當成目的，遂使學生對學術不尊重、不喜愛，大學生們受高等教育，好像爲的是求學位，而不是求知識。

我們的教育當局，早已洞察及此，頻年在聯考制度上研究改進，經過愼重考慮，現已有了具體辦法，今年就將實施。相信由此而引使教學方法步入正軌，定可舉目而待了。

第三節　爲師之道

「君子有三樂，而王天下不與存焉。父母俱存，兄弟無故，一樂也；仰不愧於天，俯不怍於人，二樂也；得天下英才而教育之，三樂也。」（註二三）爲師之樂，帝王還不足比，這是何等一種高尙神聖事業。孔子「學不厭，敎不倦」及「有敎無類」的偉大精神，一直振撼着孟子的心絃。想想那三千莘莘學子，承受孔學的化育啟導，如桃李之被春風，無不欣欣向榮。有大成就的幾達百人，分散於中國，或爲王者之佐，或成棟梁之材，廣傳儒學，澤及萬世。這就是孟子認爲從事教育乃無上快樂的道理。

樂所激發出來的行動，是堅韌的、強勁的，任何外力都不足以摧折，就是內發的矛盾壓力，也能立予抑制。爲了傳道授業，發揚文化，縱然清苦，亦甘之如飴。但是爲人師長，是非常不容易的，他的一言一行，不僅對學生們的思想、觀念具有無比的影響；而且對千秋後世負有很大的道義責任。所以爲人師表，除了必備的學術外，還要具有高尚的人品和樂道的胸懷。有德無學，固然不能執教；有學無德，亦不能爲師。不够條件而強自爲之，勢必貽誤子弟，後患無窮。孟子特告誡世人：

「人之患，在好爲師。」（註二四）

我們自古尊師重道，師長們的本身條件，和施教期間所表現的，無一不是中國倫常道德所要求的，正如張載所說的「爲天地立心，爲生民立命。」高風亮節，躬行實踐，確能發揮潛移默化之功。在學生們心目中當然敬畏有加，所謂「一日爲師，終身爲父。」就是社會大眾，不論貧富貴賤，都對之普遍尊重，地位崇高。每個家庭的神龕上都立有「天地君（國）親師」的牌位，師列爲五者之一，同時受其膜拜。在人們的觀念中，「師」是一切道德行爲的楷模，化民成俗的源泉。我們的文化道統所以能傳之久遠，社會安祥，實來之於這種尊師重道的薪火相傳。

晚近幾十年來，時代風氣變遷快速，社會型態迴異從前，加以西方個人主義隨着科技的引進，而闖入了我們的學術界。清高不再受到尊重，教師們往往只注重到教室內對學生知識技能的傳授，而忽略個人品格對學生立身處世的影響，慢慢的成爲各種知識的販賣者，有言教而無身教，學生毆辱老師，常有所聞。也有家長責怪老師對其子弟管教不當，而到學校興師問罪的，甚至訴至法庭。師尊一落千丈，這對那些優良老師來說，怎能不令他們灰心呢？「師」的地位到了這種程度，他們又如何能敬其業、安其位呢？頂天立地、人格完美的新生代又何從產生？這是我們當前教育大業所不容忽視的問題。

孟子對知識份子寄望甚高，他曾說過，無恆產而有恆心，唯士能爲。方今之世，雖然有很多的知識份子不能免俗的趨向功利；但仍不乏學有專攻而重義樂道之士。學校延聘老師，切不要光從學術條件上着眼，而不計私德私生活如何，民國初年的大學曾有過前例，有了學術，丢了道德，可謂功不補患，還不夠發人深省嗎？標準的教師，應該除了有專門學術外，還有良好的品德及肯爲教育而奉獻的宗教家精神。一旦被延爲老師，就能受到國家的保障、尊重，而無任何後顧之憂。當然，如果發現有違師道，破壞教師形象的，卽予排除，務使從事教學的人永保清白，師嚴道尊，相習成風，我們的教育就走上光明的坦途了。

第四節　道德教育的精義

一、道德與藝術

道德教育，旨在變化氣質，提升人格。

孟子肯定仁義禮智四端的表現，皆根於人的道德心體——本然之善，只要擴而充之，無不是善。善是人心之所同然，主於情而達乎理，故道德行爲，是自動自發，活活潑潑的藝術人生，充滿了美感；絕不是呆板、枯躁的教條或戒律。古往今來，聖賢、豪傑、志士、仁人所表現的，無一不引起人們的思慕崇敬，奉爲做人的圭臬。

如二十四孝，純係典型的道德故事，大舜孝行感天，遣象替他耕田；孟宗的哭竹生筍；王祥的臥冰求鯉，就科學實證來說，簡直毫無意義，但是故事中所顯示的藝術意象，是如此的使人感召。離去情，道德就沒有依憑。蘇洵在辨姦論中說「凡事之不近人情者，鮮不爲大姦慝。」這個推理是絕對正確的。

孟子批評陳仲子的義，「是舍簞食豆羹之義也，」（註二五）就是在於不近人情，有乖上下大倫。

在一般情形下，有人攘羊，發現了立即檢舉，是合於直道的。如果其父攘羊，做兒子也出來證明，根本遠離了仁心之情，便無所謂直。所以孔子說：「父爲子隱，子爲父隱，直在其中。」（註二六）

瞽瞍殺人，孟子就舜的處境而言，祇有棄天下，負瞽瞍逃於海濱，這是從仁心的不安和不忍處說的。倫常道德必須建立在悱惻之情的實感上，舜如昧着良知而作違心的抉擇，又怎能終身訢然？當然，大義滅親是有的，那是要在非常特殊情況下才有。孟子的例舉，是在人（仁）心之同然處設想，用意深遠，是需要精入體察的。

道德教育，重在感化、薰陶，只有透過藝術方式表現的活生生的聖賢模範，最足令人嚮往景從。所以孟子一再提示要以聖人爲尙。

「聖人，人倫之至也。」（註二七）

「聖人，百世之師也。」（註二八）

在孟子一書中，舉出了聖人的三種型態：

一個是伊尹，他積極奮發，肯擔當、肯負責，曾五就桀，五就湯，一心一意要佐君成堯舜，造福天下蒼生，共享治平之樂，後來終於成功。

一個是伯夷，他爲了保持一身乾淨，不與人聞問往來。武王伐紂，他大不以爲然的加以指責，等到武王得了天下，四海額慶，他竟誓不食周粟，而餓死於首陽山，一塵不染的完成了自己的清白。故聞白夷之風，會使頑貪的廉潔，懦弱的也會立志。

另一個是柳下惠，心懷不亂，一味的隨和，在魯國當一名小官，泰然自若；曾經三次受黜，毫不在乎。他雖然隨和處羣，卻仍未失卻自己，完成了獨特的人格。聽到柳下惠風範的，刻薄的會敦厚，狹陋的也會變成寬宏。

這三種處世態度，任、清、和，都能達到一理想境界，各有其不可磨滅的意義和價值，故都可稱爲聖人。惟有孔子能合此三聖之德，發於施爲，無有不當。故孟子說在普天之下，他唯一要學的就是孔子。因爲孔子是聖之時者，時代更遞，事物千變萬化，是無窮盡的，再好的法令戒律是有限的，很難周延，以濟無限之窮。祇有「時中」的聖人，才能肆應時變之無窮。

但是，孟子看重道德，並未否定法律的價值。「徒善不足爲政」，一般社會秩序，不得不靠法律來維持，且常人服從法律比較容易，當然不能忽略。體會仁心的道德境界雖難，卻是做人的根本。

人世界應該不斷的提升和更新道德的水準，表現出行爲之美；一切政治、法律、經濟等種種制度和措施，皆應爲求達到人生之善與美而爲其工具之用。至於個人，不問身份如何，也不論任何環境、條件，在擴充善性的原則下，都可各自完成一個有意義有價值的人。

二、修德的要訣

立命

生命原本具有極大的衝力，不斷的向上昇華。但當這股衝力受到障碍不能及時袪除，生命就將向下沉落，沒有值價可言。故要立命，努力去淨化、提携，才能使我們發揮人性的光輝，邁向生命的無限。因此孟子說：

「盡其心者，知其性也；知其性，則知天矣。存其心，養其性，所以事天也。殀壽不貳，修

身以俟之，所以立命也。」（註二九）

「莫非命也，順受其正。是故，知命者不立乎巖牆之下，盡其道而死者，正命也；桎梏而死者，非正命也。」（註三〇）

「心」是人的神明，具有一切道理，而可以應萬事。

「性」是心所具有的善根——仁義禮智。

「天」是一切道理的出處、根源。

從人的善根而言的「性」，主宰全在自己。

從人的人欲而言的「性」，須受外界環境的決定。如壽夭、窮達、富貴、貧賤，皆不知其所以然而然者。彭祖才不及堯舜而壽高八百歲，顏淵才智超衆而短命；聖人受窮阨，暴君反而得志，都是命所註定而不可逃的，所以又稱之爲「命」。

處世之道，必求心之所安。孟子認爲不知珍惜生命，立於危牆之下，或因此喪生，死非其所，把生命當成兒戲，輕如鴻毛，當然不是正命。尤其是對那些不能操之在我的東西，如耳、目、口、鼻等感官，及四肢小體上的慾念滿足，名利的取得，縱然求之有道，得之卻是有命的；如果要去強求的話，必陷於不仁不義，犯罪而死，更不是正命。

人生的際遇，各有不同。

「以堯爲君，而有象，以瞽瞍爲父，而有舜，以紂爲兄之子，且以爲君，而有微子啟，王子比干。」（註三一）這是無可奈何之事，命也。但是堯並未忘其爲仁，舜不忘其盡孝，微子、比干不忘其盡忠，皆自我主宰，夭壽不貳，盡道而終，正所以事天立命。

「君子創業垂統，爲可繼也，若夫成功，則天也。」（註三二）這就是說，對外的事功，雖然有感難以把握，但對內在的心世界中，已建立了一個非常隱固的常道：

「君子反經而已矣，經正則庶民興；庶民興，斯無邪慝矣。」（註三三）

「萬物皆備於我矣，反身而誠，樂莫大焉。強恕而行，求仁莫近焉。」（註三四）

「仁則榮，不仁則辱。」（註三五）

仁是本於天理，發爲道德，其尊貴有如天爵。人應該時時省察，舍棄自己的不善去學習他人，以補己之不及；看見別人的善，滿心喜歡，就如自己具有一般。這樣的樂於爲善，坦蕩如居安宅，求必自得，當然是無比的快樂。

道德修養，無論在任何情況之下，都是不能改變，或停止的。不然一暴十寒，就永遠不能成功了。

「故苟得其養，無物不長；苟失其養，無物不消。」（註三六）

「人有不爲也，而後可以有爲。」（註三七）

古之賢王，好善而忘勢。古之賢士，何獨不然？樂其道而忘人之勢。」（註三八）

「恥之於人大矣！爲機變之巧者，無所用恥焉。不恥不若人，何若人有？」（註三九）

「不由道而往者，與鑽隙之類也。」（註四〇）

「經德不回，非以干祿也。言語必信，非以正行也。君子行法以俟命而已矣。」（註四一）

「君子之守，修其身而天下平。人病舍其田而芸人之田；所求於人者重，而所以自任者輕。」（註四二）

「人能充無受爾汝之實，無所往而不爲義也。」（註四三）

總之，大丈夫應能居天下的廣居而無私，立天下的正位來正己，行天下的大道來濟天下。得志的時候，就盡力推己及人，使人人遵行大道，共享太平。不得志的時候，則當守住一己清白，不違大道，以昭後世。騰達時不驕縱，故雖居富貴而不會有淫念；窮困時仍能光明磊落，不移其志，故不會爲任何威武所屈。不論人生際遇如何？必先「立其大者，則小者不能奪。」（註四四）或進或退，或在朝、在野，都同樣可以積極向上，達到人生的圓滿。

養氣

人的道德智慧，源自心性；發於行動則是氣的作用。而人心趨向，莫不有志，志之所指，氣必相隨。

「夫志，氣之帥也；氣，體之充也。夫志至焉，氣次焉。故曰：持其志，無暴其氣。」（註四五）

「志壹則動氣，氣壹則動志也。」（註四六）

在一般狀況下，皆是以志帥氣；但有時候氣也可以反過來牽動志，譬如跳跑，不慎蹶倒或趨前過急，都會引起心志的動盪緊張；也有時是氣爲外物刺激衝動，難以節制，心志就被擾亂，意氣用事，行爲就沒有法度了。

很多人在走好運的時候，趾高氣揚，得意忘形，不可一世；臨到危難，則六神無主，不知所措，都是由於志與氣不能合一的原故。所以做人一方面須堅持志的正確，一方面須導氣循乎正軌，志既堅定清白，氣必蓬勃而聽命，任何外物不足以擾亂，一切行止進退，皆能從容中道而應付自如了。

所謂持志在於不動心，要如何才不動心呢？孟子說：

「尚志。」（註四七）就是高尚自己的志向，擇善固執，在任何狀況下，不致迷失本性。受得住煎熬，經得起考驗，挫折苦難愈多，必能愈挫愈奮，歷久彌堅，志之所在，生死不易。實際上立志勵節，目標在於行道，由內在修養，進而救人濟世，無不從憂患中得來。

「舜發於畎畝之中，傅說舉於版築之間，膠鬲舉於魚鹽之中，管夷吾舉於士，孫叔敖舉於海，百里奚舉於市。故天將降大任於斯人也，必先苦其心志，勞其筋骨，餓其體膚，空乏其身，行拂亂其所爲，所以動心忍性，增益其所不能。人恆過，然後能改。困於心，衡於慮，而後作；徵於色，發於聲而後喻。入則無法家拂士，出則無敵國外患者國恆亡。然後知生於憂患，而死於安樂也。（註四八）

「饑者甘食，渴者甘飲，是未得飲食之正也，飢渴害之也。豈惟口腹有饑渴之害，人心亦皆有害。人能無以饑渴之害爲心害，則不及人不爲憂矣。」（註四九）

「是故君子有終身之憂，無一朝之患也。乃若所憂則有之，舜，人也；我，亦人也，舜爲法於天下，可傳於後世，我由未免爲鄉人也，是則可憂也，憂之如何，如舜而已矣。若夫君子所患，則亡矣；非仁無爲也，非禮無行也，如有一朝之患，則君子不患矣。」（註五〇）

張稷若在其辨志一文中說：「人之生也，未始有異也，而卒至於大異者，習爲之也；人之有習，初不知其何以異也，而遂至於日異者，志爲之也。志異而習以異，習異而人異志也。志也者，學術之樞機，適善適惡之轅輯也。樞機正則莫不正矣！樞機不正，亦莫之或正矣！適燕者，北其轅，雖未至燕，必不誤入於越；適越者南其輯，雖未至越，必不誤入於燕矣！嗚呼！人之於志，可不愼歟。……」

先總統　蔣公也曾說：「怎樣的東西叫作志，古人的解釋「心之所之」謂之志，可知志的意義，凡對於一件事，其內心能够純一不雜的，貫徹始終的，才能謂之志。而且其志必有目的，有意義，是持久的，是完整的，就是古人所謂「志於道」「志於仁」的志，方得稱爲大志。換句話說，這志不是片段的，亦不是局部的，尤其不是爲私而是爲公，不是爲我而是爲人，就是可大可久的志。」（註五一）這可說是「尙志」的最好說明。

關於養氣，孟子還有一個最高層次的提示：

「我知言，我善養吾浩然之氣。」（註五二）

「其爲氣也，至大至剛，以直養而無害，則塞於天地之間。其爲氣也，配義與道，無是，餒也。是集義所生者，非義襲而取之也。行有不慊於心則餒矣！……必有事焉而勿正，心勿忘，勿助長也。」（註五三）所謂浩然之氣，就是天地之間的正氣，人的身上也充滿着這種正氣，雖然很抽象，無形可見，無聲可聞，但是至大，卻不可限量；至剛，則絕不能屈撓。世界縱反覆無常，而吾心萬理俱在，一切付之良心判斷，仰不愧天，俯不怍人，無所顧慮，這股氣自然沛然莫之能禦了。

所謂「配義與道」者，義是道的一體。平日所爲所行，都是爲所應爲，行所當行，就是集義，配合了道，氣因道義而盛，道義得氣以伸，故浩然之氣是由良心與行爲對正義致力而養成的，並非由外界所迫，偶而做兩件善事取得來的。唯有專誠壹志，既不能間斷，有時或忘；也不能爲求速效，如揠苗之助長，這樣不僅不能養氣，反而有害。

所謂知言，是要知道以下四種言論是有害世道人心的：

「詖辭」——見解偏頗，不公正，無是非，以偏概全。

「淫辭」——誨淫誨盜，信口開河，放蕩不檢。

「邪辭」——怪誕乖僻，標奇立異。

「遁辭」——支吾躲閃，文過飾非。

能知這些言論的底蘊，才可窮究義理，見到是非曲直，培養出浩然之氣。孟子奔走於諸侯之間，本着匡時救世的宏願，直言無忌，無人敢嬰其鋒，其理在此。他曾說：

「孔子成春秋而亂臣賊子懼……我亦欲正人心，息邪說，距詖行，放淫辭，以承三聖者。豈好辯哉，予不得已也。能言距楊墨者，聖人之徒也。」（註五四）

今日世界，更是邪說橫行，別有用心的言論，及傷風敗俗的書刊，隨處可見，應以身為天下倡的知識份子，能不有動於衷？

寡欲

義禮之性與人欲之性，皆稟於天。惟理性（義禮）純然是善的，愈伸展擴大，愈能開拓人生的幸福。欲性（人欲）則很有可能為惡，愈放恣追求，則愈易陷溺人生趨向凶險。

縱欲很容易，為善則難，惟其難故非常可貴。培養善性，應如植幽蘭，格外小心照顧，才能大放異彩。欲性一如蔓草，若不及時控制，必長滿心田，荒穢不堪了。所以孟子說：

「養心莫善於寡欲，其為人也寡欲，雖有不存焉者寡矣；其為人也多欲，雖有存焉者寡矣。」（註五五）他論性善，承認天理，並不否認人欲，而且認為人欲要有適當的滿足，在告子篇下有這樣一段話：

「任人有問屋廬子曰：禮與食孰重？曰：禮重。色與禮孰重？曰：禮重。曰：以禮食則饑而死，不以禮食則得食，必以禮乎？親迎則不得妻，不親迎則得妻，必親迎乎？屋廬子不能對，明日之鄰，以告孟子，孟子曰：於答是也何有？不揣其本而齊其末，方寸之木，可使高於岑樓。金重於羽者，豈謂一鉤金與一輿羽之謂哉？取食之重者與禮之輕者而比之，奚翅食重。取色之重者與禮之輕者比之，奚翅色重。往應之曰：紾兄之臂而奪之食，則得食，不紾則不得食，則將紾之乎？踰東牆而摟其處子則得妻，不摟則不得妻，則將摟之乎？」可見孟子是不主張壓制人欲的，不過是當「欲」與「理」衝突的時候，兩相權衡而取其重。絕不膠柱鼓瑟，或唱高調，他曾說：

「仕非爲貧也，而有時乎爲貧，娶妻非爲養也，而有時乎爲養。」（註五六）

「可以取，可以無取；取，傷廉。可以與，可以無與；與，傷惠。可以死，可以無死，死傷勇。」（註五七）

人的大患，就是當欲性得到適切滿足的時候，不知適可而止，克己復禮，慢慢的就失去了天理良知，正如斧斤的於樹木，旦旦而伐之，山林那有不光頹之理。寡欲，卽是防止欲念的漫無限制的滋長。所謂「無欲則剛」，做人光明磊落，就在於「寡欲」。

寡欲的方法，應以禮來導欲，以義來制欲，一切依於道義，定其取捨。王陽明對這方面說得很對：

「省察克治之功，則無時而可間，如去盜賊，須有掃除廓淸之意，無事時，將好色、好貨、好名等私心，逐一追究採尋出來，定要拔去病根，永不復起，方始爲快。常如貓之捕鼠，一眼看看，一耳聽着，才有一念萌動，卽與克去，斬釘截鐵，不可姑容與他方便；不可窩藏，不可放他出路，方是眞實用功。」（註五八）任何念頭興起，卽予省察，是善是惡，自心應有裁斷。先總統蔣公也曾說：

「我們一個人心裏的動機初起的時候，爲善爲惡，爲是爲非，只有自己知道，別人不能知道，曾文正公云：『自修之道，莫難於養心，心旣知有善、知有惡，而不能實用其力，以爲善去惡，則謂之自欺，方寸之自欺與否，蓋他人所不及知而已獨知之。』所以在心意一動的時候，我們便要安詳定靜的來研究省察一番，看這件事是不是對的，是爲個人自私自利呢？還是爲國家民族大公無私的呢？是卑鄙齷齪不可告人的呢？還是光明磊落不可對人的呢。」（註五九）這一念之省察，便是大澈大悟之起點所在。

時至今日，科學文明的新奇產物，對人欲更產生了難以抗拒的誘惑，抹殺人性，抬高獸性，無異爲虎添翼。「欲壑難塡」，欲念是無止境的，如果個人的無限欲念，要從有限的自然界，和現實人生中來追求，必然會成爲悲劇的歸趨。科學只是增進生命的工具，卻不能指導生命。愛因斯坦和羅素等人曾明告世人，（爲氫彈危害人類和平的宣言）人類科學新知，已驅迫人類，自陷於毀滅的絕境。科學知識，乃可恃而不盡可恃；科學發明，乃可喜而不可盡喜。純科學知識的單線前進，不足以解人類問題，事實昭著，至足發人深省。

我們能深體孟子寡欲的精義，才能從光大人生的意義上去發展科家，駕馭科學。亦惟有寡欲，才可從物質層面，躍升到心靈境界，從那有限的個人生活中，表現那無限，而求得完美。

第五節　家庭教育的功能

「古者易子而教之，父子之間不責善，責善則離，離則不祥莫大焉。」（註六〇）

「責善，朋友之道也，父子責善，賊恩之大者。」（註六一）

家庭教育是必要的，而且是自然而然具有的，因爲人無不愛其子弟，從孩子們懂事之時起，爲父兄者必隨其年歲增長，教以做人做事之道，俾來日進入社會，有所成就。這是不待提倡而會自動去作的。孟子在前面所說的，是指家庭教育在場地和相關對象，和學校顯然不同，學校有社會性的組織，一定的制度，子弟們對老師的督責和同學的規勉，都能安然接受，視爲當然。可是，做父親的卻不能兼任師職，因爲「父願子成龍」，期望過高，求全甚嚴，不如所期，則「繼之以怒」，反傷其子，「父子相夷」，隔絕親情，是人世界最不祥的事。

孟子的意思，是父之教子必須從孝慈倫理親情下，相機而行，以曲盡監護引導之責。形勢上，父兄雖不能兼爲嚴師，卻不可一味溺愛，任其自然，總要想辦法在不傷親情的原則下去教誨。

「中也養不中，才也養不才，故人樂有賢父兄也。如中也棄不中，才也棄不才，則賢不肖之相去，其閒不能以寸。」(註六二) 能以中道及自己的才能，好好敎養子弟的，就是賢父兄，這種家庭的子弟在學校也一定是好學生。

庭訓的重要性，不亞於學校，我國過去的家庭，本具有多種敎育功能。訓誨子弟，皆重在敎其做一個堂堂正正的人，諸如洒、掃、應對、進退，長幼有序，謙讓有禮，早在家中卽學卽用，子弟們就是不進學校，也中規中矩，自重人格，能充分符合社會運作的需要。其迗入學校的，更自發自動，薰陶順利，容易成爲大器。

可是，我們現在的家庭敎育，和過去大異其趣。所謂「賢父兄」者，已不多見。雖然有的還是以中國傳統的忠孝節義敎其子弟，小時尙能接受，稍長外出與人接觸，覺得格格不入，對其可用性大爲懷疑。有的是以複雜現實的社會事例，告訴子弟們如何投機、佔便宜，其本身就是如此，這種家庭出來的子弟，根基已經損壞，若再加學校敎育的學術傳授，便成了有才無德的眞小人。有的是在物質上儘量滿足子弟們的需求，習性行爲任其自然發展，根本不加過問。這類子弟對做人規矩，一槪茫然，全靠入學就讀來感化就不大容易了。

今日家庭敎育失調，未始不是形成社會問題的一個重要原因。幸望政府有關機關，針對時代潮流，賦予倫理道德以新的內容，規範出一套完備的行爲標準，作爲家庭敎育的依據，實所必要。

第六節　社會教育的影響

「富歲子弟多賴，凶歲子弟多暴。非天之降才爾殊也，其所以陷溺其心者也。」(註六三)

「今夫麰麥，播種而耰之，其地同，樹之時又同，浡然而生，至於日至之時，皆熟矣，雖有不同，則地有肥磽，雨露之養，人事之不齊也。」(註六四)

社會是一所無所不包而對人具有莫大感染力的大學校，它沒有特定的教師，卻有各色各類的模樣，它沒有特定的課堂，卻無處不是受教的地方。人從小孩到成年，在家庭、學校所受父母師長的教訓，充滿了人生的光輝，旭日東升，正待及鋒而試。一旦投入社會，不幸適逢世道衰微，只見時風汚濁，人情奸險，禮義廉恥隱微無力，黑白顚倒，是非不明，桀驁之徒，橫行無忌；奸詐之輩，佔盡便宜。忠厚的人反而遭到屈辱，難以伸展。一個純潔年輕的人，面對這種情況，怎能不瞠目結舌，手足無措。除少數意志特別堅定者，能够死守善道，不同流合汚外；一般人多會被捲進漩渦，深感以前所學的做人做事之道，現在皆不合實用。欲求現實生活的滿意，不得不背棄多年所受訓誡，重新來向現實社會學習。慢慢的隨波逐流，習爲機變詭謀，奪利爭名，不輸老手，風氣自然更爲敗壞了。這樣的社會教育，無形地抵了學校和家庭教育的功能，甚至會被其徹底摧毀。

孟子認爲改造社會風氣，就是樹立社會教育。改造的原動力，是由上而下的。他說：

「有大人者，正己而物正者也。」（註六五）

「善政不如善敎之得民也。」（註六六）

「身不行道，不行於妻子，使人不以道，不能行於妻子。」（註六七）

「夫君子所過者化，所存者神，上下與天地同流，豈曰小補之哉。」（註六八）

堯舜帥天下以仁，人民都能崇禮尙義。桀紂帥天下以暴，人民都跟着背信妄爲。上有所好，下有甚焉，負有領導責任的人，如果自己本身不檢點，卽或提倡倫常道德，也收不到效果。甚至愈訓以禮義，而民怨愈深，民風更壞。譬如楚王喜歡細腰，宮女多爲減肥而餓死；吳王好擊劍，民間弄得徧地瘡痍。豈不如孟子所說：

「上無禮，下無學，賊民興，喪無日矣。」（註六九）

今天，我們的社會富庶繁榮，而作姦犯科之事時有所聞，風氣日見頹靡，又怎麼能有良好的社會教育呢？所幸我們高階層的領導人物，都是兢兢業業，先之勞之，全心全力的爲國爲民，對應興應革的事，也大刀濶斧的推展；但往往到了下一階層，就逐次遞減了功能，以至變質。可見「己身正，不令而行」，在此日社會，其影響力已顯得微弱；除了以身作則，更要嚴格的向下督責，方期有效。

社會教育的樹立，一切皆須從孟子「義先利後」的原則來做。舉凡「利」字當頭，足以引使人產生投機心理的，實際上是以小失大，遺患無窮。有形之利，難補無形之禍。事關教育大計，實不容等閒視之。

其次是杜絕貪污，消除暴力，防止不勞而獲，培養正義正氣，社會風氣轉變了，社會教育就樹立了，政通人和，就達到了孟子所謂的：

「然後驅而之善，故民之從之也輕。」（註七〇）

「人倫明於上，小民親於下。」（註七一）就可進達安和樂利的理想境界了。

第七章　註釋

註一　孟子：滕文公章句上㈣。

註二　孟子：滕文公章句上㈢。

註三　民主與教育。

註四　朱滙森於第一屆亞太地區科學教育研討會講。

註五　七十二年十二月廿三日中華民國各報。

註六　孟子：盡心章句上㈣。

註七　孟子：離婁章句下㈢。

註八　孟子：告子章句下㈥。

註九　孟子：離婁章句上㈠。

註一〇 孟子：告子章句上⑳。
註一一 孟子：盡心章句上④。
註一二 孟子：盡心章句上④。
註一三 孟子：告子章句上②。
註一四 孟子：告子章句上②。
註一五 孟子：告子章句上⑨。
註一六 孟子：盡心章句上㉔。
註一七 孟子：離婁章句上⑥。
註一八 孟子：盡心章句上⑲。
註一九 孟子章句上⑨。
註二〇 孟子：盡心章句下③。
註二一 孟子：離婁章句下㉔。
註二二 孟子：離婁章句下㉕。
註二三 孟子：盡心章句上⑳。
註二四 孟子：離婁章句上㉓。
註二五 孟子：盡心章句上㉔。
註二六 論語子路第十三⑥。

註二七　孟子：離婁章句上(二)。
註二八　孟子：盡心章句下(二五)。
註二九　孟子：盡心章句上(一)。
註三〇　孟子：盡心章句上(二)。
註三一　孟子：告子章句上(六)。
註三二　孟子：梁惠章句下(一四)。
註三三　孟子：盡心章句下(二七)。
註三四　孟子：盡心章句上(四)。
註三五　孟子：公孫丑章句上(四)。
註三六　孟子：告子章句上(八)。
註三七　孟子：離婁章句下(八)。
註三八　孟子：盡心章句上(八)。
註三九　孟子：盡心章句上(七)。
註四〇　孟子：滕文公章句下(三)。
註四一　孟子：盡心章句下(三四)。
註四二　孟子：盡心章句下(三三)。
註四三　孟子：盡心章句下(三二)。

註四四　孟子：告子章句上⑮。
註四五　孟子：公孫丑章句上②。
註四六　同註四十五。
註四七　孟子：盡心章句上⑬。
註四八　孟子：告子章句下⑮。
註四九　孟子：盡心章句上⑰。
註五〇　孟子：離婁章句下⑯。
註五一　民族正氣。
註五二　孟子：公孫丑章句上②。
註五三　同註五十二。
註五四　孟子：滕文公章句下⑨。
註五五　孟子：盡心章句下⑮。
註五六　孟子：萬章章句下⑤。
註五七　孟子：離婁章句下⑬。
註五八　王陽明、傳習錄。
註五九　先總統　蔣公、大學之道。
註六〇　孟子：離婁章句上⑥。

註六一　孟子：離婁章句下㉚。

註六二　孟子：離婁章句下㊆。

註六三　孟子：告子章句上㊆。

註六四　孟子：告子章句上㊆。

註六五　孟子：盡心章句上⑲。

註六六　孟子：盡心章句上㊃。

註六七　孟子：盡心章句下㊈。

註六八　孟子：盡心章句上㊂。

註六九　孟子：離婁章句上㊀。

註七〇　孟子：梁惠王章句上㊆。

註七一　孟子：滕文公章句上㊂。

註：歷代孟子注疏表

漢：

趙　岐：孟子題辭、孟子注疏

北宋：

林　奭：孟子音義二卷

南宋：

趙順孫：孟子纂疏十四卷

眞德秀：孟子集編

張　栻：孟子說七卷

蔡　節：孟子集疏十四卷

朱　熹：孟子章句七卷

元：

胡炳文：孟子通十四卷

施持正：孟子發題

金履祥：孟子性命章講義

明：

李　林：道性善編

清：

王懋竑：孟子性善編

陸　耀：原善

戴　震：孟子字義疏證三卷

焦　循：孟子正義三十卷

周廣業：孟子四考

迮鶴壽：孟子疏證

王芑孫：孟子通考

張宗泰：孟子七篇諸國年表

林春溥：孟子外篇補證序

唐　甄：尊孟宗孟篇

康有爲：孟子微八卷十八篇

現代：

唐君毅：孟子證義
牟宗三：儒學的光輝與孟子
陳立夫：孟子的政治思想
任卓宣：孟子學說的體系
吳　康：孟子哲學
史次耘：孟子今注今釋
陳大齊：孟子的名理思想及辯說實況
黃公偉：孔孟荀哲學證義
許叔彪：孟子今義類編
胡毓寰：孟學大旨
溫晉城：孟子會箋
駱建人：孟子學說體系探蹟

參考書籍

詩經		
書經		
易經		
禮記		
左傳		
史記		
荀子	葉玉麟譯註	華聯出版社
老子		
莊子	黃錦鋐註譯	三民書局
列子	莊萬壽註譯	三民書局
淮南子	楊家駱編	世界書局
韓非子	葉玉麟譯註	華聯出版社
呂氏春秋	莊　適註	臺灣商務印書館
先秦諸子學	嵇　哲	洪氏出版社

先秦諸子叢論　唐端正　東大圖書公司
諸子學概要　吳　康　正中書局
四書通論　內野　嶺著　鄭明東譯述　正中書局
四書發微　徐文珊　維新書局
四書新編　陳布雷　正中書局
孟子會箋　溫晉城　正中書局
孟子分類選注　孫云遐　正中書局
先秦十子思想概述　中華叢書編纂委員會
孟子今義類編　許叔彪　中華叢書編纂委員會
孟子譯註　楊伯峻　源流出版社
孟學大旨　胡毓寰　正中書局
諸子學纂要　蔣伯潛　正中書局
儒家倫理思想述要　劉　眞　正中書局
孔孟與諸子　張柳雲　臺灣中華書局
孔孟要義　周紹賢　臺灣中華書局
孔孟荀哲學證義　黃公偉　幼獅文化公司
先秦七大哲學家　韋政通　牧童出版社

王陽明全書　　正中書局

孟子的智慧　樵叟　國家出版社

中國文化要義　梁漱溟　里仁書局

中國文化的精神價值　唐君毅　正中書局

中國學術思想史論叢　錢穆　東南圖書公司

歷史與文化論叢　錢穆　東南圖書公司

中國思想史　錢穆　學生書局

中國人生哲學　方東美　黎明文化事業公司

世界局勢與中國文化　錢穆　東大圖書公司

中國哲學史話　張起鈞 吳怡　新天地書局

比較哲學與文化　吳森　東大圖書公司

中國哲學史　黃公偉　帕米爾書局

中國道德思想精義　張定宇　正中書局

哲學演講錄　吳怡　東大圖書公司

巨變與傳統　韋政通　牧童出版社

中國的智慧　韋政通　牧童出版社

國父思想　胡軌　正中書局

蔣總統言論集

內心樂悅之源泉　吳經熊　東大圖書公司

四書　三民書局

滄海叢刊已刊行書目 (六)

書名	作者	類別
中國文學鑑賞舉隅	黃慶萱 許家鸞	中國文學
唐代黨爭與文學的關係	傅錫壬	中國文學
浮士德研究	李辰冬譯	西洋文學
蘇忍尼辛選集	劉安雲譯	西洋文學
文學欣賞的靈魂	劉述先	西洋文學
西洋兒童文學史	葉詠琍	西洋文學
現代藝術哲學	孫旗譯	藝術
音樂人生	黃友棣	音樂
音樂與我	趙琴	音樂
音樂伴我遊	趙琴	音樂
爐邊閒話	李抱忱	音樂
琴臺碎語	黃友棣	音樂
音樂隨筆	趙琴	音樂
樂林蓽露	黃友棣	音樂
樂谷鳴泉	黃友棣	音樂
樂韻飄香	黃友棣	音樂
水彩技巧與創作	劉其偉	美術
繪畫隨筆	陳景容	美術
素描的技法	陳景容	美術
人體工學與安全	劉其偉	美術
立體造形基本設計	張長傑	美術
工藝材料	李鈞棫	美術
石膏工藝	李鈞棫	美術
裝飾工藝	張長傑	美術
都市計劃概論	王紀鯤	建築
建築設計方法	陳政雄	建築
建築基本畫	陳榮美 楊麗黛	建築
中國的建築藝術	張紹載	建築
室內環境設計	李琬琬	建築
現代工藝概論	張長傑	雕刻
藤竹工	張長傑	雕刻
戲劇藝術之發展及其原理	趙如琳	戲劇
戲劇編寫法	方寸	戲劇

滄海叢刊已刊行書目 (五)

書名	作者	類別
孤寂中的廻響	洛夫	文學
火天使	趙衛民	文學
無塵的鏡子	張默	文學
大漢心聲	張起鈞	文學
回首叫雲飛起	羊令野	文學
文學邊緣	周玉山	文學
大陸文藝新探	周玉山	文學
累廬聲氣集	姜超嶽	文學
實用文纂	姜超嶽	文學
林下生涯	姜超嶽	文學
材與不材之間	王邦雄	文學
人生小語	何秀煌	文學
印度文學歷代名著選(上)(下)	糜文開	文學
比較詩學	葉維廉	比較文學
結構主義與中國文學	周英雄	比較文學
主題學研究論文集	陳鵬翔主編	比較文學
中國小說比較研究	侯健	比較文學
現象學與文學批評	鄭樹森譯編	比較文學
韓非子析論	謝雲飛	中國文學
陶淵明評論	李辰冬	中國文學
中國文學論叢	錢穆	中國文學
文學新論	李辰冬	中國文學
分析文學	陳啓佑	中國文學
離騷九歌九章淺釋	繆天華	中國文學
苕華詞與人間詞話述評	王宗樂	中國文學
杜甫作品繫年	李辰冬	中國文學
元曲六大家	應裕康 王忠林	中國文學
詩經研讀指導	裴普賢	中國文學
莊子及其文學	黃錦鋐	中國文學
歐陽修詩本義研究	裴普賢	中國文學
清真詞研究	王支洪	中國文學
宋儒風範	董金裕	中國文學
紅樓夢的文學價值	羅盤	中國文學

滄海叢刊已刊行書目（四）

書名	作者	類別
知識之劍	陳鼎環	文學
野草詞	韋瀚章	文學
現代散文欣賞	鄭明娳	文學
現代文學評論	亞菁	文學
當代台灣作家論	何欣	文學
藍天白雲集	梁容若	文學
思齊集	鄭彥棻	文學
寫作是藝術	張秀亞	文學
孟武自選文集	薩孟武	文學
歷史圈外	朱桂	文學
小說創作論	羅盤	文學
往日旋律	幼柏	文學
現實的探索	陳銘磻編	文學
金排附	鍾延豪	文學
放鷹	吳錦發	文學
黃巢殺人八百萬	宋澤萊	文學
燈下燈	蕭蕭	文學
陽關千唱	陳煌	文學
種籽	向陽	文學
泥土的香味	彭瑞金	文學
無緣廟	陳艷秋	文學
鄉事	林清玄	文學
余忠雄的春天	鍾鐵民	文學
卡薩爾斯之琴	葉石濤	文學
青囊夜燈	許振江	文學
我永遠年輕	唐文標	文學
思想起	陌上塵	文學
心酸記	李喬	文學
離訣	林蒼鬱	文學
孤獨園	林蒼鬱	文學
托塔少年	林文欽編	文學
北美情逅	卜貴美	文學
女兵自傳	謝冰瑩	文學
抗戰日記	謝冰瑩	文學
給青年朋友的信（上）（下）	謝冰瑩	文學

滄海叢刊已刊行書目㈢

書名	作者	類別
憲法論叢	鄭彥棻	法律
師友風義	鄭彥棻	歷史
黃帝	錢穆	歷史
歷史與人物	吳相湘	歷史
歷史與文化論叢	錢穆	歷史
中國人的故事	夏雨人	歷史
老台灣	陳冠學	歷史
古史地理論叢	錢穆	歷史
我這半生	毛振翔	歷史
弘一大師傳	陳慧劍	傳記
蘇曼殊大師新傳	劉心皇	傳記
孤兒心影錄	張國柱	傳記
精忠岳飛傳	李安	傳記
師友雜憶 八十憶雙親 合刊	錢穆	傳記
中國歷史精神	錢穆	史學
國史新論	錢穆	史學
與西方史家論中國史學	杜維運	史學
清代史學與史家	杜維運	史學
中國文字學	潘重規	語言
中國聲韻學	潘重規 陳紹棠	語言
文學與音律	謝雲飛	語言
還鄉夢的幻滅	賴景瑚	文學
葫蘆・再見	鄭明娳	文學
大地之歌	大地詩社	文學
青春	葉蟬貞	文學
比較文學的墾拓在臺灣	古添洪 陳慧樺	文學
從比較神話到文學	古添洪 陳慧樺	文學
牧場的情思	張媛媛	文學
萍踪憶語	賴景瑚	文學
讀書與生活	琦君	文學
中西文學關係研究	王潤華	文學
文開隨筆	糜文開	文學

滄海叢刊已刊行書目㈡

書名	作者	類別
知識、理性與生命	孫寶琛	中國哲學
逍遙的莊子	吳怡	中國哲學
中國哲學的生命和方法	吳怡	中國哲學
希臘哲學趣談	鄔昆如	西洋哲學
中世哲學趣談	鄔昆如	西洋哲學
近代哲學趣談	鄔昆如	西洋哲學
現代哲學趣談	鄔昆如	西洋哲學
佛學研究	周中一	佛學
佛學論著	周中一	佛學
禪話	周中一	佛學
天人之際	李杏邨	佛學
公案禪語	吳怡	佛學
佛教思想新論	楊惠南	佛學
禪學講話	芝峯法師	佛學
當代佛門人物	陳慧劍	佛學
不疑不懼	王洪鈞	敎育
文化與教育	錢穆	敎育
教育叢談	上官業佑	敎育
印度文化十八篇	糜文開	社會
清代科舉	劉兆璸	社會
世界局勢與中國文化	錢穆	社會
國家論	薩孟武譯	社會
紅樓夢與中國舊家庭	薩孟武	社會
社會學與中國研究	蔡文輝	社會
我國社會的變遷與發展	朱岑樓主編	社會
開放的多元社會	楊國樞	社會
社會、文化和知識份子	葉啓政	社會
財經文存	王作榮	經濟
財經時論	楊道淮	經濟
中國歷代政治得失	錢穆	政治
周禮的政治思想	周世輔 周文湘	政治
儒家政論衍義	薩孟武	政治
先秦政治思想史	梁啓超原著 賈馥茗標點	政治
憲法論集	林紀東	法律

滄海叢刊已刊行書目㈠

書名	作者	類別
中國學術思想史論叢㈠㈡㈢㈣㈤㈥㈦㈧	錢穆	國學
國父道德言論類輯	陳立夫	國父遺教
兩漢經學今古文平議	錢穆	國學
先秦諸子論叢	唐端正	國學
先秦諸子論叢(續篇)	唐端正	國學
儒學傳統與文化創新	黃俊傑	國學
宋代理學三書隨劄	錢穆	國學
湖上閒思錄	錢穆	哲學
人生十論	錢穆	哲學
中國百位哲學家	黎建球	哲學
西洋百位哲學家	鄔昆如	哲學
比較哲學與文化㈠㈡	吳森	哲學
文化哲學講錄㈠㈡㈢	鄔昆如	哲學
哲學淺論	張康	哲學
哲學十大問題	鄔昆如	哲學
哲學智慧的尋求	何秀煌	哲學
哲學的智慧與歷史的聰明	何秀煌	哲學
內心悅樂之源泉	吳經熊	哲學
愛的哲學	蘇昌美	哲學
是與非	張身華譯	哲學
語言哲學	劉福增	哲學
邏輯與設基法	劉福增	哲學
中國管理哲學	曾仕强	哲學
老子的哲學	王邦雄	中國哲學
孔學漫談	余家菊	中國哲學
中庸誠的哲學	吳怡	中國哲學
哲學演講錄	吳怡	中國哲學
墨家的哲學方法	鐘友聯	中國哲學
韓非子的哲學	王邦雄	中國哲學
墨家哲學	蔡仁厚	中國哲學